多様な学びを創る

不登校支援から 多様な学び支援へ

多様な学び保障法を実現する会
フリースクール全国ネットワーク
編集代表　喜多明人／中村国生

編

東京シューレ出版

本書『多様な学びを創る』を
読まれる方々へ

喜多明人（フォーラム記録集編集委員会委員長）
中村国生（フォーラム・JDEC実行委員会委員長）

　不登校という言葉は、「多様な学び」に置き換えるべき時代を迎えています。それが、本書の依拠する立場です。そう言いかえることができるほどに、「多様な学び」は、より多くの子どもや保護者に求められ、法制（理念）上も、実践的にも、そして運営、仕組みづくりとしても前進してきています。この本はその証（あかし）になるはずです。

　本書は、2020年9月5日、6日に開催した第7回多様な学び実践研究フォーラムと、第13回JDEC日本フリースクール大会（Japan Democratic Education Conference）の主要な内容を収めています。前者は、多様な学び保障法を実現する会が、後者は、NPO法人フリースクール全国ネットワークが企画主催するかたちで回を重ね、たびたび同時共同開催してきました。

　私たち両団体は、フリースクール・オルタナティブ教育等の学校外の子どもの多様な学びの制度保障をめざした立法の取り組みを市民サイドから推進し、2016年12月、議員立法による普通教育機会確保法の成立をみました。また同時に、現場の実践者を中心に、研究者・保護者・市民・不登校支援関係者らが共に学びあい、実践の広がりや質を高めあう取り組みを推進してきました。多様な学びの存立基盤である制度上のしくみづくりと、教育・学びの中身づくりを両輪に、四輪駆動で走ってきたと言えます。

　なお、本書は第7回多様な学び実践研究フォーラムの記録集（デジタル版：多様な学び保障法を実現する会ホームページに公開）がもとになっていますが、第7回フォーラム自体は、第1回（2013年）〜第6回（2019年）までの多様な学び実践研究の成果の蓄積の上に立っています。それと同時に本書は、そのサブタイトルあるいは汐見稔幸さんの最近の提言にも示されているように、これまでの「不登校」支援から、新しい学びの発見と選択を求めていくための「多様な学び」支援へ、そしてこの取り組み自体をステップアップさせて、日本の新たな公教育、

新たな普通教育を実現していく分岐点となることが目指されています。本書はそのような時代的な転換期を迎えたことを日本社会に宣言していく意味合いもあります。この転換は、フォーラム・JDEC主催者である私たちの取り組みの成果であると同時に、コロナ禍による全国一斉学校休校など、登校を前提とした学校教育偏重の学びの在り方に楔を打ち込むかたちとなって、今起こっています。

　ただし、フォーラム準備過程において当初から本書の企画があったわけではありません。コロナ禍のなかで、2020年2月29日〜3月1日に開催する予定であった第7回フォーラム（リアル集会として早稲田大学を会場として予定）が半年ほど延期となり、かつリアル集会からオンライン集会に切り替えられ、企画そのものも見直しがはかられました。そのなかでフォーラム記録集の編集体制もすぐには組むことができず、8月に入ってから、ようやく現編集委員会（喜多明人委員長・牛玄・安ウンギョン・勝野有美各編集委員）が成立し、実行委員会（委員長：中村国生）との連携のもとで、すでに企画が固まりつつあった分科会の報告者、担当者に対して原稿依頼状を送付しました。この原稿依頼状において、2020年8月7日付実行委員会確認のもとで、記録集発行計画として本書の企画案を付し、書名・タイトル案『多様な学びを創る《実践研究フォーラム2020》』発行デジタル版　発行主体：多様な学び保障法を実現する会／フリースクール全国ネットワーク、出版社の可能性を追求させていただきました。なお、発行日については、原稿の回収が予定よりも相当遅れたこともあり、9月発行としました。

　以上のような経過をたどった本書ですが、今年3月に入って本書の企画について東京シューレ出版の賛同を得て、編集を進めてきました。今回は、原稿の分量上この企画に合わせて最低限組み込むべき論稿に絞らせていただきました。何分にもこの点ご容赦ください。

　少なくとも本書は、普通教育機会確保法の成立により創り出されてきた〝多様な学び支援〟の時代にふさわしい、歴史的節目となる書物であり、新しい学びと教育への道しるべとなる書になると確信しております。

目次

多様な学びを創る―不登校支援から多様な学び支援へ―

第Ⅰ部
多様な学び支援への道

1. 普通教育機会確保法の3年と "学びを選ぶ"時代の到来

中村国生（フォーラム・JDEC実行委員会委員長）

■今フォーラム・JDECの概要

　今フォーラム大会は、当初2月末に早稲田大学を会場に準備していましたが、新型コロナウイルス感染急拡大のなか直前に延期とし、9月に初のオンラインでの開催となりました。どこからでも参加できるという利点が発揮され、過去最大の434人の申込みがあり、うち学生が3分の1の147人を占めました。これは大きな変化です。若い学徒にも多様な学び・教育への関心が広がっていることを実感しました。その背景に、研究者の中でも着実に多様な学びへの関心の高まりがあることを表していると思います。

　内容としては全部で23のプログラムが実施されました。フリースクールやオルタナティブスクール等の現場メンバーと研究者が実行委員となり、各プログラムの登壇者とともに企画運営するかたちで進めました。今、多様な学びの現在を象徴するテーマ、今後の展開を指し示すテーマがプログラムに反映されています。

　特に今回は、時代状況的に以下のような点で、いくつも大きな基点、発展への契機を確認したフォーラム・大会となったと思います。

■ウィズ・コロナ時代と多様な学び

　時代状況の最大のインパクトは、新型コロナウイルス感染拡大による環境の一変でした。フォーラムのスタイルも変更を余儀なくされましたが、一堂に会し同じ内容を学ぶ従来の学校教育スタイルが機能しなくなって、一人ひとりの選択や個別性にそった多様な生活と学びが出現していく様を私たちは経験しました。この事態は不安をもたらしつつも、多様な学び・教育が拡大していく希望を私たちは実感することとなりました。

■学校離れは過去最高、小学生の不登校の急増

　2019年度（令和1年度）の不登校は小学生53,350人（8,509人増）、中学生127,922

人（8,235人増）、小中学生合計181,272人（16,744人増）、小学生は120人に1人、中学生は25人に1人となり、実数、出現率とも過去最高を更新しました（文科省統計）。子どもたちの学校離れがますます加速しています。この統計はコロナ禍前年の数字ですから、多くの不登校支援・フリースクール等の関係者は、今後さらに加速していくのではないかと予想しています。また同調査では、「民間団体・民間施設」いわゆるフリースクール等で学ぶ不登校小中学生は6,328人（1,815人増）で、着実に学校以外の学習の場を選ぶ子どもたちが増加しています。これは、私たちの活動の必要性と重要性を裏付ける数字です。

■多様な主体による多様な学びの場の創出

フリースクールやオルタナティブスクール、不登校の親の会などの現場では、確保法成立前後から、学齢期の不登校の子どもの増加、特に小学生年齢の増加、またその保護者からの問い合わせや相談が増えているといった状況が報告され、学校以外の教育へのニーズの低年齢化、若い親世代からのオルタナティブな教育への期待感を強く感じてきました。そこで、今回のフォーラムでは、幼児教育・小学生年齢教育に一つの焦点が当てられています。

「智頭の森こそだち舎」（鳥取県）、「もあなキッズ自然楽校」（神奈川県）など森のようちえんのムーブメントは、学齢期の多様な学びの場づくりへの志向性を持っており、公民連携・公的認証の展開は大いに示唆に富むものです。また、イエナプラン教育による「大日向小学校」、フリースクール実践を活かした不登校特例校である「東京シューレ江戸川小学校」など、多様な学びを学校制度内で展開する事例、ホームエデュケーション家庭のつながりである「共育ステーション地球の家」や地域で多様な学びの場を応援するネットワーク「多様な学びプロジェクト」など、多様な主体が多様なかたちで多様な学びの場を創出してきており厚みが感じられます。

■公民連携による多様な学びや地域ネットワークの形成

各地で教育委員会・学校との連携、議会・議員との連携などが形成され始めたことも確保法の成果の一つです。千葉県、宮城県、東京都、栃木県、横浜市でつくられたフリースクール等の多様な学びの場の地域ネットワークが分科会で報告されています。それらは民間主体で自主的に結成され、行政や議員との窓口になって情報交換、情報発信、協働事業を行い、条例化も視野に入れて活

動を始めています。

　また、フリースクール・民間のノウハウを取り入れ、公設民営・NPO委託で運営される教育支援センターの事例も報告されています。

■普通教育機会確保法施行後3年以内の見直し

　確保法附則3には、「政府は、…多様な学習活動の実情を踏まえ、この法律の施行後三年以内にこの法律の施行の状況について検討を加え、その結果に基づき、教育機会の確保等の在り方の見直しを含め、必要な措置を講ずるものとする」とあります。文科省は3年を待たずして2018年12月からフリースクール等に関する検討会議、不登校に関する調査研究協力者会議、夜間中学設置推進・充実協議会の合同会議を再招集して検討に入りました。これも私たち実現する会とフリースクール全国ネットが、議員連盟に要請したことにより始まりました。結果は2019年6月21日に「義務教育の段階における普通教育に相当する教育の機会の確保等に関する法律の施行状況に関する議論のとりまとめ」として公開されました。残念ながら、多様な学びを選べる制度改正には及びませんでしたが、「国は、学校以外の場における学習活動の制度上の位置づけについて、その実態や就学義務との関係を踏まえつつ、引き続き検討する」の文言を入れることができました。（巻末資料参照）

　また、見直し議論の成果は、令和元年10月25日文科省通知（巻末資料参照）として発出され、国は学校復帰を前提としない不登校施策への転換を明言し積極的な周知を始めました。

　学びを選べる制度は私たちの本望です。あらためて次のステップへ向け制度改革への契機となる議論が、喜多明人共同代表の基調講演や分科会では展開されています。

■学びをつくる・選ぶ時代の到来、いよいよ

　本フォーラム・JDECは、子どもの権利条約採択30周年も冠したものでした。本書では、多様な学びの実際が生き生きと、伸び伸びと、力強く営まれている様子が数多く報告されています。学びはまさしく子どものもの、子ども中心、子どもイニシアチブであることが重要です。そのためにも学びの場をつくり出すこと、それによって多様な選択肢が存在し選べるようになること、それが制度として支えられることを希求してきました。まだまだですが、そのような制

度整備に先行して、多様な学びをつくる・選ぶ時代が到来していることが本書から実感されると思います。

　フリースクール等の存在や役割が今以上に広がっていくことは、より子どもへの責任、社会的な責任をしっかりと担うしくみや取り組みが重要になります。今回のフォーラム・JDECで、フリースクールにおける権利侵害と権利擁護、子どものセーフガーディングから学ぶプログラムが持たれました。きっかけは、私自身が所属する東京シューレが起こした性加害事件です。安心・安全な学びの場づくりを関係者が社会に開いて取り組んでいくことは極めて重要なことです。

　私たちの多様な学びの広がりは、外国籍の子どもの義務教育、母語教育、日本語教育、外国学校の制度保障の取り組みとも交差しながら進んでいます。また、海外特にアジアの隣国のオルタナティブ教育の運動や研究者との交流などとも交差しながら進んでいます(小貫大輔さん、王美玲さん全体会講演)。子どもの学びの多様性が多様に掛け合わさりながら、ますます広がっていくことも感じられる貴重な情報が多く収められています。

　以上、さまざまな契機・転機となった今フォーラム・JDECと記録集を俯瞰しました。ぜひ読み進めていただき、共に次代をつくる仲間となっていただきたいと思います。

　本書は、フォーラム・JDECの実行委員会と並行して編成された喜多明人共同代表による編集委員会のご尽力により形となりました。実践と研究の積み上げに、丁寧な記録と出版を土台にしてこられたご経験と実績を活かしてくださいました。感謝申し上げるとともに、本書がさらに多様な学びの発展のための礎になるよう祈念したいと思います。

2. 自分たちの学校を創ろう
―新時代を迎える多様な学び―

汐見稔幸（東京大学名誉教授・ぐうたら村村長）

　こんにちは。汐見稔幸です。多様な学び実践フォーラムも今年で第7回を迎えます。本来ならば一緒に参加したかったんですが、所用がありまして、この形で参加させて頂いてます。

　不登校の子どもたちが中心になって始めたようなフリースクール。それからいろんな新しい主義主張を持ったような学校を作りたいということで、多様なオルタナティブスクールの流れは今、私の感覚ではようやくひとつのステージを越え、新しい時代を迎えようとしている印象があります。

　日本のあちこちの地で、既成の小学校、中学校を超えて、新しいタイプの学校を作りたいという人たちがものすごい勢いで増えてきています。私も東京のある区で、PTAの親たちが「もう少し新しい学校を作りたい」「先生、是非来てほしい」ということで、何回かこういうことを勉強する会を開いたこともあります。

　最近ではご存じのようにオランダでかなり広がっているイエナプランの学校を、日本でも作ろうということで、実際に作った地域もあって、今日も参加して下さっていると思います。

　そういう学校を作ろうと言っても、たぶん10年前では、「何を言ってんだ」ということだったかもしれませんが、そういう学校をぜひ作ってほしいという自治体が出てきたわけです。

　あるいは「森のようちえん」は、自然学習を活かしながら、その中でもっと人間の自然を取り戻すというような形で行う教育の方が、実は子どもたちが生き生き、伸び伸びと伸びていくんだと。そういう実践は全国あちこちで今、展開されています。私が聞いているだけでも、新しい学校を作っている人たちが、全国のいくつもの地域で取り組みを始めています。

■新時代にふさわしい学びの姿を

　これは本当に時代の流れだと思うんですね。20世紀に私たちは教育を受けました。でも20世紀は工業化社会がモデルだったんですね。21世紀はそれが

全くモデルにはなりません。そして社会にはありとあらゆる問題がどんどん出てきて、それを解決する能力を、私たち一人ひとり、子どもを含めて持たなければいけない。そのためには「こうやったらいいんじゃないか」「こういうことができるんじゃないか」という体験を、幼い頃から積み重ねていくってことが大事ですね。

　もうすでに大事だとわかっていることを教えてもらって、それを覚えておきなさいという教育を受けたからといって、新しいものをどんどん生み出すような力が育つとはかぎりません。

　教育というものは、子どもたちの持っている発想力だとか、それをきれいな形にしていくための練習をする場所なんだ、そのための学校、多様な形を創ろう。ある学校はアートにすごくこだわる、ある学校は人間の自然性にすごくこだわる、そういう多様な学校ができることによって、初めて価値観が多様化して、いろんな問題が山積みし始めた社会の中で、それに対抗できる人間が育つ社会になっていくと思います。

■多様な学校づくりの経験交流を

　第7回を迎えた今年のフォーラムから、多様な学校のあり方というものを、実際の経験を出し合いながら、「それだったら私たちのところもできるんじゃないか」「それだったらもっとこういったこともできるんじゃないか」という、本当に中身のある経験交流が始められると思っています。これから5年たち、10年たった時には、こういう形でやっている人たちが、全国から一斉に集まってきて、もっと大規模なフォーラムになっていると予測しています。

　みなさん、私たちが行っている新しい学校のスタイルってものを、今、世の中が求めているんだってことに、確信をもっていただきたい。全国的に見ると、あるいは全世界的に見ると、そういう時代のふさわしい学校というものを、まだ十分に作れていない国っていうのは、日本ぐらいなんですよね。そういう意味では、世界から日本が新しい動きができるかどうかが、注目されている時代です。このフォーラムがそういうことを切り拓いていく大事なきっかけになるってことを、私は確信しています。

　是非内容のある、時代に即した動きをしているんだってことに確信をもつような、そういうフォーラムにしていただきたいと思います。がんばってください。

3. 子どもの学ぶ権利と多様な学び支援
―子どもの権利条約採択30年の節目に―

| 喜多明人（早稲田大学名誉教授）

■「不登校」支援から「多様な学び」支援へ
―なぜ多くの学生たちが「多様な学び」フォーラムに関心を示したのか

　2020年9月5日に開催された第7回多様な学び実践研究フォーラムは、コロナ対応でやむをえずオンライン集会となりましたが、怪我の功名というか、私たちが想定しなかった数字に遭遇しました。今回の集会参加申し込みが412名、そのうち学生が134名と伝えられたのです（9月3日現在）。

　オンラインで参加者が増えることはある程度想定できましたが、まさか学生が134名も申し込むとは想像できませんでした。学生たちの所属を調べると、東京に出ていきにくい地方の大学が多いことがわかりました。これらの学生は単純に「不登校」問題を学びたい、というだけではないように思われます。むしろポジティブに学校外の多様な学びについてもっと知りたい、自分たちが受けてきた教育、学校っていうものに対する物足りなさ、疑問を感じながら、何かもっと良い教育、より有意味な学びがないか、とフォーラムの門をたたいたように思えてなりません。

　それはとりもなおさず、子ども期の多様な学びへの注目度が高まったことを意味します。現代に至って、学校の疲弊、限界が見えてきた中で、あらためて子ども期の「多様な学び」について、その意味を深めていきたいと思います。

　第一には時代性の視点です。ダイバーシティー（多様性）の時代に入って、子ども・若者の生き方、その土台となる学び方も多様性が求められています。日本の学校は、疲弊もあってか「ブラック校則」など画一的な指導に執着しているなかで、多様性の時代に乗り遅れ、取り残されようとしています。日本の学校が多様性をうけとめられるように改革されていくためにも「多様な学び」は、現代的な教育改革原理になるべきであると考えます。

　第二には、子どもの権利の視点です。「多様な学び」を現実的に引き出してきた基本原理は子どもの権利です。「不登校の子どもの権利宣言」（2009年・巻末資料編・資料4参照）に象徴されるように、子ども自身の学ぶ権利の行使こそが、

多様な学びの存在基盤を創り出してきました。欧米のオルターナティブ教育の世界では、どちらかと言えば親の学校選択の自由、親の教育の自由に導かれて多様な教育が模索されてきました。そのような理念は日本でも取り入れられてきましたが、親の教育の自由が現実的には市場原理・競争原理（新自由主義政策）からの批判をうけてきたことから、新たに親の教育の自由を基礎づけ、方向付ける子どもの権利の視点が求められてきたといえます。

　第三には、特殊日本的な視点です。もともと「多様な学び」という言葉は、オルターナティブ教育の代替用語でした。このフォーラムを主宰する多様な学び保障法を実現する会は、もともとオルターナティブ教育法を実現する会でした。しかし、オルターナティブ教育に対する特殊日本的な理解、認識、特に日本の教育界に流布してきた「学校解体」論的な理解もあって、このオルターナティブという言葉を「多様な学び」に置き換えてきた経緯があります。その意味では、オルターナティブ教育学が深めてきた「多様性」の原理や「代案性」、「別様性（マイノリティ性）」の原理を深めていくことが「多様な学び」論の構築にとっても重要となります。（詳しくは、喜多編『子どもの学ぶ権利と多様な学び──誰もが安心して学べる社会へ』エイデル研究所、第1部参照）

　登校拒否、学校嫌い、学校恐怖症などと呼ばれていた時代には、これを「不登校」と置き換えることで学校に行かない子どもへのプレッシャーを減じる役割を果たしてきました。しかし、不登校という言葉は、学校に行かないことをネガティブにうけとめる言葉であることに変わりはなく、現時点に立ってみると、むしろ学校に行かないことをポジティブに捉えて、学校に物足りなさを感じている子どもたちが積極的に自身に合った多様な学びの場を選択していく趣旨が込められた言葉、すなわち「多様な学び」という言葉に置き換える時代が来ていると思われます。おそらく5年、10年後には、「不登校」研究ではなく、「多様な学び」研究というふうに概念上も置き換わっていくのではないでしょうか。

■学校法制と「多様な学び」法制の二本立て公教育法制の探求
──なぜ普通教育機会確保法でなければならないか

　「多様な学び」をさらに深めていく法制論の視点も大切です。「不登校支援法」ではなく、「多様な学び支援」法としての「普通教育機会確保法」を深めていく必要があります。（巻末・資料編　資料1参照）

マスコミなど一般的にはこの法律の名称は「教育機会確保法」ですが、正確とは言えません。この名称は元々略称であり、以下の通り、大変長い名前の法律ゆえに使用された略称なのです。

　「義務教育の段階における普通教育に相当する教育の機会の確保等に関する法律」、これを「教育機会確保法」と略すのは、不正確であり適切な名称とは言えません。しっかり読めば、普通教育の機会確保を目的とした法律であると理解することができ、単に「教育の」では意味不明の法律になってしまいます。したがって、名が体を表すというとおり、普通教育機会確保法という略称でなければならないわけです。

　内容的には、普通教育の機会確保を目的とした法律であることの必要性、意義もしくは根拠は、以下の2点にあるといえます。

1）学校と多様な学びの二本立て普通教育法制を構築するために

　第一には、憲法26条2項でうたわれた保護者の「普通教育」の保障義務を基点として、日本の公教育法制を、学校及び多様な学びの二本立ての普通教育の枠組みで理解しておく必要があるためです。

　憲法26条は2項から成っており、第1項は「すべて国民は、法律の定めるところによりその能力に応じてひとしく教育を受ける権利を有する。」とあります。そして、すべて国民・子どもの教育を受ける権利をひとしく保障するために、第2項で、すべて国民・保護者は「法律の定めるところにより、その保護する子女に普通教育を受けさせる義務を負う。義務教育はこれを無償とする」と定められています。この26条2項の普通教育保障義務と普通教育機会確保法は直接結びついているわけです。

　従来から言われてきたように、保護者が「学校による普通教育」の保障義務（就学義務）を果たすために用意された学校教育法制があり、そこでは9年間の就学義務制度が確立しています。しかしそれだけでなく、憲法26条2項は、少なくとも学校における普通教育の保障義務とは書いておらず、学校以外の普通教育保障の義務も想定されていたと考えられます。その点を埋める法律として今回、普通教育機会確保法が多様な学びの保障として登場してきたと考えられます。

　普通教育機会確保法が成立した2016年12月当時、現職の文科省事務次官であった前川喜平氏は、本来日本の公教育法制は、学校外の普通教育を認めており、文科省としては、明治以来、教育令により学校外の普通教育を保障してき

たが、1941年の国民学校令により、国民学校のみに一本化されてしまった。以来、戦後になっても学校教育法制のみの一本化された状態が続き、今回の普通教育機会確保法の成立により、ようやく「もとに戻った」のだ、と力説されました。（詳しくは『教育機会確保法の誕生』東京シューレ出版参照）

　すなわち、憲法26条2項にいう普通教育は、学校および多様な学びの普通教育という二本立ての法制度として想定されていたと理解することができるわけです。

2) 人権としての普通教育の理解を深めるために

　第二には、普通教育のもつ性格、法的な位置づけにあります。一言で言えば、憲法26条に依拠した「人権としての普通教育」が方向づけられていることです。

　普通教育 (common education) は、人間として生きていくために欠かせない教育として、普遍的で世界万人のユニバーサルな教育であり、それは現代社会においては、確保法1条にあるとおり、国連子どもの権利条約など教育条約が示してきた普遍性のある原理によって方向づけられるべき教育であると考えられます。特に、子どもの権利条約が国際条理として示してきた「権利行使主体としての子ども」観(5条)に依拠して、子どもの教育への権利(学ぶ権利)を行使していくことでの多様性が担保された普遍的(共通)教育でなければなりません。

　そのような基本的な性格を有する「人権としての普通教育」は、学校法制だけで担保できる時代ではなくなりました。ダイバーシティ(多様性)の時代にふさわしく「多様な学び」法制との二本立てを構想する時期に来ているといえるでしょう。

■「多様な学び」の条件整備主体をどう創るか
―10・25文科省通知の持つ意味を考える

動かない教育委員会・学校

　2016年12月に多様な学び法制化の土台となる普通教育機会確保法が成立してから4年たちました。この間、国レベルで注目されるのは、2019年10月25日に出された文科省通知「不登校児童生徒への支援の在り方について」（元文科初第698号―巻末　資料編　資料2参照）です。

　この通知の実質的な意味はなにか。まずもって自覚的に受け止めておきたいことは、この通知自体が確保法成立以降の教育行政の対応を象徴していたこと

です。法律制定から3～4年たって、ようやく教育行政が法に基づく不登校政策を動かし始めた証しとみてよいでしょう。

行政が動かなかった理由の一つは、今回の法律が理念法にとどまり具体的な制度や政策を十分示しきれなかったことが挙げられます。さらにいえば、議員立法であったことも原因しています。行政にとっては義務として受けとめられてきた施行令、施行規則といった行政規則が作られず、同法の「指針」レベルにとどめられて文科省の不登校行政を根本から見直すことにはならなかったと考えられます。

確かに、この法律は理念として「多様な学び」の重要性や「休息の必要性」をうたい、多様な学びに対する公的支援の道を拓いたこと、それによって、不登校の子どもや保護者が受けてきたプレッシャーを和らげる効果があったといえます。しかし制度的には何も動かさなかったため、学校復帰を前提とした不登校政策が相変わらず地方では続いていました。子どもの現場からみれば、「法律ができてもまったく変わっていない。教育委員会が壁になっている」（フリースペースえん　西野博之）のが現状でした。

文科省も従来通りの学校復帰を推進していく施策を指示した通知はそのまま放置してきました。これに対して現場が疑問の声を上げ、行政に対して「法と矛盾する」と批判の声が高まり、最終的には国会で関係議員から、文科省が法律と矛盾する従来の政策を放置していると追及をうけることになりました。その結果、10月25日通知により、ようやく従来の不登校政策を転換することを文科省は公式に文書で示したわけです。それは、普通教育機会確保法の附則で約束してきた同法の3年後の見直しをうけた政策転換でもありました。

文科省の不登校政策の転換―学校復帰から社会的自立に一本化

10・25通知の前文には、文科省の不登校政策の転換を示す象徴的な文が入りました。

「本通知は，今回の議論のとりまとめの過程等において，過去の不登校施策に関する通知における不登校児童生徒の指導要録上の出席扱いに係る記述について，法や基本指針の趣旨との関係性について誤解を生じるおそれがあるとの指摘があったことから，当該記述を含め，これまでの不登校施策に関する通知について改めて整理し，まとめたものです。」と書かれており、そのうえで、「なお，『登校拒否問題

への対応について』(平成4年9月24日付け文部省初等中等教育局長通知)，『不登
校への対応の在り方について』(平成15年5月16日付け文部科学省初等中等教育
局長通知)，『不登校児童生徒が自宅においてIT等を活用した学習活動を行った
場合の指導要録上の出欠の取扱い等について』(平成17年7月6日付け文部科学省
初等中等教育局長通知)及び『不登校児童生徒への支援の在り方について』(平成
28年9月14日付け文部科学省初等中等教育局長通知)については本通知をもって
廃止します。」

　この10・25通知をもって、これまでの不登校政策を推進してきた4つの通知
を廃止したのです。
　では、具体的には、どのような政策転換があったのでしょうか。通知に示さ
れた言葉でいえば、「不登校児童生徒の指導要録上の出席扱いに係る記述につ
いて，法や基本指針の趣旨との関係性について誤解を生じるおそれがあるとの
指摘があった」という理由づけがなされています。

1) 学校復帰を前提とせず、社会的自立のために出席扱いに一本化

　これまで多様な学びの場(オルターナティブスクール、フリースクール等)に通っ
ている子どもたちが、原籍校(もともと籍を置いていた学校)で指導要録上、出席
扱いになるかどうかは、原籍校の校長の裁量によっていました。以前から文科
省はそういう校長裁量の通達を出してきたのですが、その裁量の判断基準は、
学校復帰を前提とした出席扱いでした。10・25文科省通知は、その「誤解」
を解消するために、文言上、「学校復帰を前提とする」という言葉を削除し、「当
該施設における相談指導が不登校児童生徒の社会的な自立を目指すものである」
という判断基準に一本化しました(ただし、その判断基準によって、学校復帰を求め
る生徒を抑制するものではない、との条件付けがされました)。基本は、その子が社
会的な自立を目指すために学校外の多様な学び、教育を選択していればそれは
出席扱いにするという判断基準を明示したところにあります。
　以上の通り、校長の「出席扱い」に関する判断基準を転換した意味は大きい
といえます。それは今後「不登校」運用の在り方を転換させていくだけでなく、
日本の公教育制度の枠組み自体を転換していくことにつながります。なぜなら、
この政策変更は、公教育法制上も学校復帰を前提としない、子どもの社会的自
立をめざす「多様な学び」へ道を拓いた、と理解することもできるからです。

ただし、かくのごとく国レベルで出た通知に対して果たして全国の教育委員会あるいは校長がしっかり受け止めていくことができるのでしょうか。これをどこまで実施に移すことができるのか。これまで学校復帰一辺倒で学校中心主義の立場をとってきた教育委員会や校長、広く教育界がそう簡単に意識転換するとは思えません。またその延長にある学校の排他性、背負いこみ体質もそう簡単にはなくなりません。

　そういう意味で、日本の教育界、とりわけ教育行政の意識改革を待てないならば、「多様な学び」を担う新たな条件整備主体をつくるしかない、今の教育行政、教育委員会の仕組みだけでは多様な学びの条件整備は困難であるということであれば、既存の行政機関とは別に独立した中間支援機構を新たに作っていくことが重要ではないでしょうか。

2) 無償の「多様な学び」支援の中枢的役割を担う新制教育支援センターの設置

　10・25文科省通知では、中間支援機構ともかかわって、学校復帰を前提としない教育支援センターが、「…通所を希望しない者への訪問型支援…など、不登校児童生徒への支援の中核となることが期待される」と書かれています。

　特に、「不登校児童生徒の無償の学習機会を確保し、不登校児童生徒への支援の中核的な役割を果たしていく」ことを求め、そのために、「未設置地域への教育支援センターの設置又はこれに代わる体制整備が望まれる」としました。（「教育支援センター整備指針（試案）」（別添4）参照）

　このように多様な学びの現場に無償の学習機会を確保し、多様な学び支援の中核的な役割を教育支援センターに求めた意味は大きい。義務教育の無償制（憲法26条2項）を多様な学びの場まで拡充しようとする政策意図を見ることができます。

　さらに注目されるのは、「市区町村教育委員会においては、主体的に教育支援センターの整備充実を進めていくことが必要であり、教育支援センターの設置促進に当たっては、例えば、自治体が施設を設置し、民間の協力の下に運営する公民協営型の設置等も考えられること。」その際には「教育支援センターの運営が不登校児童生徒及びその保護者等のニーズに沿ったものとなるよう留意すること。」とされたことです。加えてこの教育支援センターを中核として、支援ネットワークの整備も提示しており、「教育支援センター等が関係機関や民間施設等と連携し、不登校児童生徒やその保護者を支援するネットワークを

整備することが必要である」とあります。

　そこでは、従来のような適応指導教室的な教育支援センターではなく、新制教育支援センター、いうなれば「多様な学び支援センター」といってよい中間支援機構を拡充、整備発展していく可能性をもっているといえます。

　そのような動きはすでに自治体レベルで模索され始めています。

　教育支援センターを公設民営でやり始めている自治体として、世田谷区の希望丘ほっとスクール支援センターがあります。東京シューレが委託提携している公設民営施設であり、今後中間支援機構として発展していく可能性があります。そこは希望丘青少年交流センター「アップス」という子ども・若者の総合的な居場所が創られており、その一角を希望丘ほっとスクールが占めています。

　また神奈川では、横浜市に子ども支援協議会が創られて、中間支援的な活動が展開されていますが、佐藤さんたちのシュタイナー学校が参加しているのも特徴の一つといえます。関連して、川崎子ども夢パークに設置されたフリースペースえんの西野さんが参加する、神奈川県学校フリースクール等連携協議会の活動も注目されます。これらの組織は、多様な学びのネットワークづくりや多様な学びの条件整備に中間支援的な役割を果たし始めています。神奈川県の協議会では、教員がフリースクールに研修に行く取り組みも行われているそうです。

　東京では東京都フリースクール等ネットワークが立ち上がっており、「認証フリースクール」制度構想がもち上がっていると聞きます。公的支援を受けるフリースクールを認証フリースクールという形にしたい。その認証機関をどう設置するか。東京学芸大学の加瀬さんの考えでは、大学を中心にする場合と、教育委員会を中心にする場合、学会や民間団体を中心にする場合があり、民間団体中心の場合は、民間団体の全国的な協会をつくり、自己評価や相互評価を行いその団体の質的向上、維持をはかる(例えば大学の評価機関である大学基準協会のような存在)ことなど構想されています。

　しかし、全国的な多様な学びの場を包括するような認証、評価制度は、一大学や学会、民間機関でやることは相当の困難が伴うと思われます。その意味では、そういう認証機能も含めて公設民営の中間支援機構が整備されていく道を探っていくべきではないかと考えます。

■多様な学びの制度上の重点課題—無償制と個別学習計画にしぼって

多様性を土台とする制度設計のむずかしさ

　普通教育機会確保法の立法過程をかえりみて、もっとも困難を極めたのは、法に示しめざすべき制度設計をめぐってでした。

　その理由は一言でいえば経験不足です。前述した多様な学びを支える多様性の原理をどう制度に組み込んでいくのか、その具体化、現実化の難しさにあったといえます。日本が得意とする画一的な制度をイメージすることはたやすいのですが、多様性—ダイバーシティ、すなわち一人ひとりの人間の多様性、子どもの多様性、その意思と自己形成力をベースにして創り出される学びの場をどう制度的に担保していくのか。これを明らかにしていくためには多くの経験と時間が必要でした。

　現在、多様な学びを支える制度的仕組み、条件整備に関しては、各自治体、民間団体の連携のなかで様々な試行段階にあります。そういう経験を積み上げながら丁寧に制度設計をしていく必要があります。それを前提にしながら、近い将来、確保法に盛り込むべき制度設計に関して深めるべき論点をいくつか取り上げておきたいと思います。

1) 義務教育段階の「多様な学び無償」制に向けて—憲法26条を基点として

　まず第一には、今回確保法で先送りされた経済的支援の問題があります。

　前述した二本立て公教育・普通教育法制の枠組みにおいて、学校教育法制のみに義務教育無償が適用されることは、平等・公平の原則に反しています。多様な学び法制にも義務教育無償が適用されるべきです。憲法26条に基づく人権としての普通教育の理念からしてそうあるべきです。

　憲法の26条の子どもの教育を受ける権利をひとしく保障していくためには、その2項で保護者の普通教育保障義務を課したうえで、その普通教育義務をすべての保護者が履行できるよう国が無償の教育を準備しなければなりません。その普通教育は、学校によるもののほか学校外など多様な学びを認めた（普通教育機会確保法）以上、多様な学びによる普通教育に対しても無償制が実施されなければなりません。でなければ、義務教育として実施されている多様な学びの場で授業料を徴収する現状は憲法26条2項違反というべきです。

無償の学習機会の確保─文科省通知

　その点とかかわり、10・25文科省通知において、新制教育支援センターが「不登校児童生徒の無償の学習機会を確保し不登校児童生徒への支援の中核的な役割を果たしていくこと」としたことに注目したいと思います。今後の多様な学びの場の条件整備面では、多様な学び支援センター(仮称)が重要な役割を担うのではないでしょうか。

　ただし、文科省が公式的に多様な学びの公費教育制をとれない最大の理由は、憲法89条問題です。89条はいわゆる政教分離の原則を定めた条文であり、宗教団体に公金が入らないようにするため、いわば公の支配に服さない団体に対する公金の支出を禁止しました。そもそも政教分離のための条文なのだから、宗教教育を別にすれば、教育活動、特に自主的に自由に行おうとしている教育活動に対してそれを89条で規制するのは本来の目的ではない。だからこそ、社会教育(助成金制度など)、私立学校教育(私学助成)も、89条による公金支出規制問題をクリアして、現行のような助成金制度が発展してきました。今回の多様な学びの活動は、広い意味では社会教育の一角をなすものであり[1]、また私立学校同様に、建学の精神などの教育の自由が担保された学びの場であり、社会教育と私学助成に準じた助成金制度が適用されてよいように思われます。

2)個別学習計画の再検討─子どもの学ぶ権利から

　第二には個別学習計画の制度設計の問題です。この制度は普通教育機会確保法の立法過程で社会的に注目されました。保護者が学習計画を立てて申請し、それを教育委員会が認定し、OKであれば学習支援金が出され、義務教育を履修したと見做す制度でした。

　この制度は、前述した普通教育の多様性を担保する制度としては注目すべき制度でした。特に親・保護者の教育の自由、学校選択、教育選択の自由によって多様性を担保する仕組みとして、あり得る制度の一つであったと思われます。

---

[1] 2000年代に川崎市や富山県小杉町などで学校外の多様な学びに対する公的支援が開始されたが、そのバックアップの主体は社会教育(生涯学習)行政であった。(かわさき子どもの権利フォーラム編『今だから明かす一条例制定秘話』エイデル研究所)本来は、学校教育法制と対になるべき社会教育法制のなかにこそ多様な学びの公的支援が位置づけられるべきであったと思われる(しかし、社会教育自体が国の「生涯学習」政策の進行とともに成人教育に軸足を置き、「子どもの社会教育」は影をひそめるようになった。

個別学習計画の認定主体をめぐって

　しかし、この制度設計を盛り込んだ法案（馳私案）は、行政の介入を招く、保護者に過剰な負担を強いる、等々の批判があり頓挫してしまいました。頓挫した最大の理由は、教育行政不信にあるといってよいでしょう。これまで学校復帰一辺倒であった教育委員会が手のひらを反すように、多様な学びを推進する、それはありえない、という行政への不信感です。結局は行政の介入を招き、保護者のプレッシャーとなるのであれば、そこはやはり教育委員会に代わって新たな中間支援機構が認定、推進していくしかないといえるでしょう。

　その点では、2年前に韓国からこのフォーラムに招聘した光州広域市の学校外青少年支援センター長、イ・ミンチョルさんの講演が参考になると思います。イ・ミンチョルさんは民間団体の代表でありながら、市の委託事業として学校外青少年支援センターを運営してきました。そこでは学習カリキュラムの提供・学習支援から財政支援、研修・人事関係の支援まで、支援センターが中心になっています。あれから2年過ぎて、すでに韓国は、学校外青少年支援法のもとで、全国各地に222の支援センターが設置され、この中間支援組織として活動が始まっているのです。また台湾では、公的支援をうける「実験学校」（オルターナティブスクール）の認定を教育局内に設置された認定審議会（＝現場代表から構成される）でなされていると聞きました。したがって、日本でも個別学習計画の認定は、中間支援機構もしくは教育委員会が設定する認定審議会が行うような仕組みを構想することが求められているといえます。

個別学習計画の決定主体は子どもに

　なお個別学習計画の制度設計としては、当初から指摘されていたように保護者の負担感が大きいという問題をあらためて吟味しておく必要があります。この制度の依拠すべき、基本的な理念は親・保護者の教育の自由ですが、それだけでは受験競争に巻き込まれ、受験産業に食い物にされてしまうのではないか、という新自由主義的な批判に耐えられません。競争原理、市場原理に飲み込まれてしまう危険性にどう対抗できるのか。

　そこで光り輝くのが、2009年に公表された「不登校の子どもの権利宣言」です。親・保護者の権利、自由だけではなく、子どもの学ぶ権利の行使としての多様性、普通教育の多様性を軸とすることにより多様な学びの質が担保されるのではないでしょうか。個別学習計画は、学びの場の選択同様に、子どもの

自己決定が重視されなければなりません。フリースクールに入るか入らないか、親ではなく子どもの意思で決める、という実践指針が個別学習計画の決定にも貫かれていく必要があります。

■多様な学びと相談救済制度―学校事故対応から多様な学び事故対応へ

子どもの安心して学ぶ権利と保健・安全問題

　多様な学びを深めていくことは、現在の学校の限界や現行の学校では満たされない教育的意義をきわだたせることに目を奪われがちです。しかしそれだけでなく、公教育として多様な学びと学校に共通する側面に光をあてることも重要です。子どもの生命・身体の安全や健康問題など、子どもの保健・安全面のケアは、学校も多様な学びも共通する課題です。

　特に、子どもが安心して学ぶ権利の保障は、今日において学校の内外を問わず緊急かつ切実な課題となっています。近年、多様な学びの場においても、性暴力等の加害事件を含めて子どもの被害・災害に対して再発防止、安心して学ぶための制度論(例えば、第三者調査委員会の設置等後述)が求められます。

　この種の問題は、学校教育においては子どもの事故・災害に関する半世紀にわたる取り組み、経験の蓄積があります。それに学びながら、多様な学びでもそろそろ制度的保障について考えていく時期にきていると思われます。それは、人権としての普通教育の理念にもとづいた、普通教育機会確保法制の一角を占めることになります。

　すでに先行して韓国では、学校外青少年の保健安全の制度化が進められています。2020年4月に出された「学校外青少年支援拡大策」により、学校外青少年支援センター(中間支援機構―全国222箇所設置)を通して、1) 同年代と交流し楽しく遊んで休む場をつくること、2) 学校外の代案学校(オルターナティブスクール)を対象に「学校安全共済会」からの共済補償制の導入、給食支援と健康診断等が計画化されています。

　では日本はどうでしょう。

　日本では学校災害共済給付制度が発展し、親が掛け金を支払う保険的仕組みですが、東京都など公費で補填して無料にしている自治体もあります。大きくは負傷疾病に対する医療費、これは保険に入っている親の場合には保険で7割、残り分の3割が給付対象になります。ただし月額5000円以上の医療費支出の場合に限られます。そのほか障害事故については、1級3770万円、14級で82万円

の見舞金制度が、また死亡事故については死亡見舞金が2800万円までという見舞金制度があります。これらの制度は韓国同様に多様な学びの現場にも適用されるべきです。日本の学校安全法制、学校災害救済の取り組みから学ぶべきところはどこか。今後重点的に検討すべき課題について3点指摘しておきます。

1) 裁判対策優先の壁に挑む

　第一には、学校災害・事故の問題が、この半世紀、常に裁判対策の壁によって解決を阻まれてきたことです。日本の学校、教育委員会は、長く裁判対策（損害賠償請求訴訟）が優先されてきました。そのため事故・事件が発生しても被災者・家族にはその事実や原因などについて伝えられることはほとんどなく、再発防止もあいまいになってしまうことが数多くありました。

　結果的には、被災者・家族が、事実解明・原因究明・再発防止を求めるならば、裁判所に訴えるしか道は残されていなかったのです。裁判費用は被災者家族が負うことを覚悟し親族の反対を押し切って損害賠償請求の裁判に訴えなければなりませんでした。

　このような裁判対策優先の体制に巻き込まれてきた学校現場は、事故問題について「かん口令」が引かれ、被災者、保護者側に不信感をもたれることが多く、事故責任の追及を直接的にうけて、結果、教育活動の委縮を招いたりしてきました。

　国賠法や民法に基づく損害賠償請求の裁判制度は、もともと学校の事故・事件の解決方法としては想定されておらず、子どもや教育の自主性が要にある学校社会にはなじまない制度でした。本来は、子どもと教育にふさわしい権利侵害の救済制度（「学校災害補償法」の制定運動が典型例です）が立てられるべきでしたが、それがないために国家賠償法など一般法での救済しか道がなく、子どもや学校に覆いかぶされてきたのです。

2) 裁判に頼らない第三者調査委員会の設置こそ

　第二には、そのような問題のある裁判には頼らないで、被災者救済と学校活動を守る方法として近年注目されてきた制度が、第三者調査委員会制度です。この制度は、裁判所という司法的第三者ではなく非司法の第三者による解決を図るものであり、教育の自主性を基本とした学校問題の解決方法として、その有効性が指摘されてきました。特に、いじめ自死事件においてはこの制度が注

目され、2013年6月にいじめ防止対策推進法が成立しました。その法律では、学校調査の結果に被害者家族が納得せず、不調に終わった場合は、自治体・教育委員会は第三者調査委員会を設置して、改めて事実の解明、原因の究明、再発防止の提言を行うことが求められました。

　2001年6月に起きた池田小事件以降、その再発防止のために2009年に改正・成立した学校保健安全法では、学校安全、事故・災害の防止の対象を「事故加害行為、災害等により…児童生徒に危険又危害が生じた場合」（同法26条）まで広げて、子どもに向けた暴力(不審者事件のほか、いじめ・集団暴力、体罰・虐待、性暴力等を含む)防止が学校安全・再発防止の対象となりました。

　2016年3月に文科省通知として出された「学校事故対応の指針」には、いじめや暴力、加害事故を含めて学校事故の対応について指針を明示し、第三者調査委員会の設置についても、以下のような基本指針を出しました。(巻末　資料編　資料3参照)

①第3者調査委員会設置の判断基準は、判断主体である学校設置者がその保護者の要望があるとき、それから教育活動自体に事故の要因があると考えられる場合に設置することが求められました。
②第3者調査委員会の設置目的は、再発防止が第一であるが、同時に重要なのは児童生徒等の保護者・被災者の事実に向き合いたいなどの希望に応えるためであるとされました。その際には、刑事責任とか民事責任を追及するための調査ではないということが明記されています。
③調査委員会は公平性、独立性や専門性が必要です。そのために調査委員会の組織編成、選考方法についてはできるだけ有識者を入れること、利害の関係のない人間を入れること等の組織原理が組み込まれた。特にいじめ関係では、大津のいじめ自死事件のように被災者が推薦する委員(遺族推薦)を入れることが求められてきました。

3) 多様な学び版『子どもの権利ガイドブック』を創る

　第三には、第三者調査委員会にも限界があることです。再発防止については提言するまでです。提言をもって解散してしまうところがほとんどです。また、第三者調査委員会は、事件事故後の対応に限られており、事前の予防、相談活動までは視野に入っていません。その意味では、事前の予防、相談から提言後

の実施の監視―モニタリングまでを含めた第三者相談救済機関の設置が理想です。すなわち「子どもオンブズパーソン」の制度化が必要になってきます。子どもの権利条例に依拠して子どもオンブズパーソンを制度化した自治体はまだ30ほどですが、増加傾向にあります。

　特に事前の予防対策としては、被害を受けている子ども自身が安心して相談できる環境を作ることが大切です。子どもオンブズパーソンにせよ、子どもからSOSを受けとめる相談活動において、必須の実践課題は、子ども自身がSOSを出せる力をもつことであり、子どもの権利学習がポイントとなります。

　特にダメージを受けている子どもは、誰にも相談できません。早稲田大学大学院の「体罰意識調査」では、誰に相談するかと問うと、誰にも相談しなかったという回答がほとんどでした。なぜかと言えば、それが一番安全だから。その象徴的事例が野田市の心愛ちゃん(10歳)の虐待死事件でした。「先生、何とかできませんか」とクラスのいじめアンケートに書いたら、それが虐待している父親に伝わって虐待がエスカレートして亡くなるという事件でした。

　傷ついている子どもへの権利学習はどうすればよいのでしょうか。日本は児童養護施設や里親家庭の中に「子ども権利ノート」が入り始めました。子どもたちが、自分の身が危ない、権利が侵害されていると思ったらこういう所に相談しなさいとか、こういうところで助けを求められますよと権利ノートにまとめています。不登校の子どもに対しても、まさにそういう「子どもの権利ノート」が必要な時代になっているのではないでしょうか。

　韓国では既に「学校外青少年の権利ガイドブック」を制作、公共機関や子どもの利用施設などに配布されましたが、そこには学校外青少年(不登校の子ども)が直面するさまざまな差別事例と防止のための改善案、権利擁護事業の状況と国内外の事例が紹介され、社会認識と制度の改善に活用することを目指しています。

　日本も多様な学び版「子どもの権利ガイドブック」もしくはフリースクール版「子どもの権利ノート」が必要な時代に来ていると思われます。

※なお詳しくは、喜多明人編『子どもの学ぶ権利と多様な学び』エイデル研究所、および喜多明人・堀井雅道共著『学校安全ハンドブック』草土文化、参照

4. 台湾のオルタナティブ教育の特徴と展開

| 王美玲（オウ ビ レイ/Mei-LingWang／淡江大学（タンコウ））

■不登校と強制入学

　台湾で就学義務については、憲法第21条と国民教育法第2条で規定され、義務教育は強制的に受けさせるものと記しており、強迫入学条例によって実行されている。同条例第6条では、「保護者には学齢児童・生徒に教育を受けさせる義務がある」とし、第9条では「長期欠席が続くと保護者には約300円の罰金が課され」、児童・生徒が再登校するまで続ける。学校は強制的に行かせるところで、子どもの無断欠席が続くと、保護者が罰金されるという仕組みになっている。

　文部科学省によれば、不登校とは「何らかの心理的、情緒的、身体的、あるいは社会的要因・背景により、児童・生徒が登校しないあるいはしたくともできない状況にある者（ただし、「病気」や「経済的理由」による者を除く）」と定義している。台湾の状況と比べると、不登校の意味を表せる中国語は、「中途輟学＋拒学症」と筆者は考えている。

　強迫入学条例第8-1条では、「中途輟学（dropout）」とは「学校に休みを届けず原因不明で3日間以上欠席者」としている。この言葉を日本語に訳すと「中退」となる。「拒学症（truancy, school phobia）」とは情緒不安定のために学校に行くことを拒否する行為で、日本語に訳すと「登校拒否」となる。

　一般的に「中途輟学問題の解決＝少年犯罪の減少」、また「拒学症は児童の心理的・精神医学的な問題」という主張が多い。このように台湾と日本が共通する不登校の定義が見つからないため、台湾においての研究発表では、筆者は漢字の「不登校」をそのまま使っている。

　「年間30日以上欠席」という日本の不登校定義に合わせて、台湾の不登校定義を考えてみると、強迫入学条例施行補則第9条では、「一学期1週間以上の無断欠席」を長期欠席として扱っているため、2学期制を実施している台湾では、不登校は「年間14日以上欠席」である。

　不登校の出現率について、教育部統計処によると、2018年においての全児童・

生徒に占める中途輟学の割合は、小学校で0.03%、中学校で0.44%となっている。学校復帰率は小学校で91.55%、中学校は83.82%である。学校復帰に向けた児童・生徒への支援を中心としている。他方、吾心文教基金会の調査では、全児童・生徒のうち、拒学症を経験しているのは0.07%となっている。

　いじめをきっかけとする不登校は日本ではよく挙げられているが、いじめを中国語に訳すと「霸凌(bully)」となっている。児童福祉連盟の「2018年台湾小中学生におけるいじめ防止の現状に関する調査」では、身の回りにいじめがあったと認知している児童・生徒は66.4%で、うち17.1%はいじめ被害者、9.2%はいじめ加害者を経験していたと指摘している。

　台湾の不登校は日本のような明確な定義がないが、台湾に不登校が存在しないとは限らない。子どもの不就学の原因には中途輟学や拒学症などさまざまで、中には日本の不登校の定義のように、登校したくてもできない者もいるはずである。その証拠として、台湾ではさまざまなオルタナティブスクールがそのような子どもたちのために作られてきた。

■台湾のオルタナティブスクールの設立

　台湾では、学校教育以外の教育をフリースクールとは呼ばず、「另類学校(オルタナティブスクール)」と呼んでいる。台湾のオルタナティブスクールは「森林小学校」や「種籽小学校」(写真)などのように、自ら「学校」と名乗っており、法的裏付けのないまま、独特な理念に基づいて教育を行い、学校教育の枠組みに入るための実践であった。その背景には、私立学校設置に対する制限が厳しく、民間による学校設置が許されていなかったことが挙げられる。学校教育体制に付属した、実験性を持つ新しい教育という側面が強調されており、日本のフリースクールが不登校の居場所として発展してきたのとは異なる。

　台湾初のオルタナティブスクールは1990年に創設された「森林小学校」である。その後、「種籽小学校(1994年創設)」や「全人中学校(1995年創設)」など、オルタナティブスクールが次々と設立していく。多くのオルタナティブスクールは1990年代に設立されはじめ、当初は正規の

学校ではなかったが、90年代後半に、行政機関が「非学校形態の実験教育(以下「非学校形態」と称す)」として、地方限定で認定されるようになった。

　非学校形態はオルタナティブスクールを制度化したものである。非学校形態の実験教育を申請する背景には、なんらかの個人的・心理的・宗教的な理由で学校へ行かない、あるいはいけないことがあるため、実質的には不登校対策として位置付けることができる。

　その後2014年に、《高等学校以下の教育段階の非学校形態実験教育の実施に関する条例》と《学校形態の実験教育の実施に関する条例》が、翌年には《公立小中学校の公設民営に関する条例》が立法院(日本の「内閣」にあたる)において相次いで成立した。この3つの法律は通称「実験教育三法」と呼ばれ、オルタナティブスクールに特化した法律であると同時に、ホームエデュケーションも全国的に制度化され、現在では、オルタナティブスクールまたは保護者は所在地の行政機関に実験教育を申請すれば、実験教育校として合法的なものとなる。

　実験教育には学校であるかどうかによって前述した「非学校形態」と「学校形態の実験教育(以下「学校形態」と称す)」に分けることができる。学校形態は2014年に新しく制定されたもので、公立学校の実験教育校化が可能になった。

　学校形態でも非学校形態でも、略称は「実験教育」であるため、学校の形態を持つか否かを問わず、実験的に教育を実施することを一律「実験教育」と称している。現在、教育部が公開している台湾の学校系統図でも、小学校、中学校と高等学校の段階は太い外枠で示しており、「実験教育を実施できる」と注を付けている。実験教育は今、学校教育体制において実験教育という新しい選択肢を保護者に与えることになった。

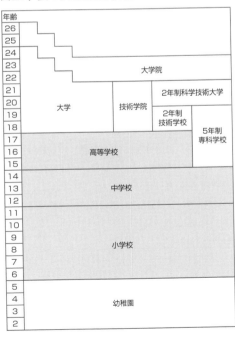

■実験教育の種類

　実験教育には、「公立・私立の

学校形態」「個人・団体・機構の非学校形態」および「公立・私立の公設民営」の7種類があり、表1にまとめた。

　学校形態は、運営している主体によって公立と私立の2種類がある。一般の公立学校が特色ある授業を実施するために学校形態を申請する。オルタナティブスクールを実践している民間団体が申請して私立学校になることもできるが、学校形態の基準を満たすことは難しい。

　非学校形態には「個人」「団体」「機構」の3つの実施単位が可能である。個人の実験教育は、生徒個人に対して家庭またはその他の場所で実施する教育で、ホームエデュケーションに対応するものである。団体の実験教育は、複数の生徒が同じ時間と場所で教育を受ける、規模の小さいフリースクールといえよう。機構は、非営利法人がカリキュラムの実験を目的に、固定した場所で教育を行ない、小規模の学校に似た形態である。

　オルタナティブスクールは非学校形態を申請するのがほとんどだが、どの実施単位の非学校形態でも卒業証書は出せない。個人の卒業資格は在籍をしている学校からもらう。団体と機構は、在籍していた学校ではなく、すべての児童・

表1　実験教育の種類（出典：実験教育三法より筆者作成）

	位置付け	開始年	卒業証書	申請者	実施単位	法源
学校形態	公立	2014年	あり	公立学校	公立学校と同じ	学校形態の実験教育の実施に関する条例
	私立	2014年	あり	学校法人 財団法人	一学年50人 小中高一貫学校600人 中学校240人 高校240人	
非学校形態	個人	2000年	元在籍校	保護者または 成人した学生	3名以下	高等学校以下の教育段階の非学校形態実験教育の実施に関する条例
	団体	2000年	教育局が指定した公立学校に学籍を置く	保護者または 成人した学生	3-30名	
	機構	2011年		財団法人以外の 非営利活動法人	一クラス25人 小中学校250人 高校125人	
公設民営	公立	2015年	あり	自然人 非営利法人 (学校財団法人と塾は対象外)	公立学校と同じ	公立小中学校の公設民営に関する条例
	私立	90年代後半	あり	財団法人基金会		地方の自治法

生徒が教育局の指定している公立学校から卒業証書をもらう。

　公設民営にも申請者によって公立と私立がある。公立は、2015年に《公立小中学校の公設民営に関する条例》に基づいて設立したものである。私立は、地方の自治法によってできたもので、90年代後半から地方政府との契約で運営されてきた学校があるが、契約が満期になると、実験教育校になることが要請される。

■実験教育の申請

　実験教育を申請する場合、学校形態も非学校形態も所在地の地方政府に申し込む必要があり、一定の基準を満たさなければならない。まずは実験教育の申請書と計画書を教育局に提出する。個人の非学校形態なら、教育局ではなく、指定された公立学校、または元の学籍校に提出する地方もある。

　実験教育の申請に必要な計画書を非学校形態のものを例に挙げると、8項目がある。

1)「目的（なぜ非学校形態の実験教育を申請したいか）」と「実施方法」
2)「児童・生徒の今の様子（写真付き）」
3)「授業内容（教材内容／教科書名、科目の担当教師、指導の方法、学習評価の在り方）」
4)「週間学習スケジュール」
5)「学習予定表」
6)「学習の資源（保護者の要望も含む）」
7)「学習の予期効果」
8)「添付資料（保護者同意書、申請者・参加者の学歴証明、学習環境の写真、戸籍抄本のコピーなど）」

　書類審査が終わると、つぎに実験教育審議会が実験教育の実行可能性を審査する。各自治体には「学校形態の実験教育審議会」と「非学校形態の実験教育審議会」が設けてある。審議会の委員は、学校形態が定員9〜25名、非学校形態が定員9〜12名である。任期2年で、教育行政者、専門家・学者、校長・教師、本人または子どもが実験教育の経験を持っている者、そして実験教育関連団体の責任者などの方々が担当している。審議会による審査が通れば、実験教育を

実施できる許可書が交付される。

　許可期間について、学校形態は、小中高は3年以上12年以下、高校以上の教育段階は4年以上12年以下である。非学校形態は、小学校は6年、中学校が3年、高校が3年となっている。実施期間中は非学校形態だけ、学年ごとに学習報告書を提出する必要がある。

　学校形態でも非学校形態でも許可期間が終了する前に、審議会による視察や評価を受け、成果報告書を提出する。計画通りに実施され、合格と判断されたとしても、実験教育を続けたいなら、もう一度申請する必要がある。

■オルタナティブスクールが実験教育校になる

　台湾のオルタナティブスクールは開始当初、依拠すべき法的根拠がなかったため、地方自治体がその必要に応じて一時的な実施法を策定していた。当時、学校の運営主体を財団法人基金会に限定し、地方行政機関に学校設立の計画「実験計画書」を提出すれば、児童・生徒の学籍を公立学校に置き、オルタナティブスクールの運営が許可されていた。

　しかし、地方行政機関の許可を得たものの、中央省庁である教育部（文部科学省にあたる）は、正式な学校の基準を満たしていないのに、学校名義で学生を募集したことで、私立学校法に違反したという理由で、森林小学校（写真）の校長が地方裁判所に起訴されたこともあった。森林小学校は、非学校形態の実験教育が可能となったことを契機に「機構」として運営転換して、現在に至っている。

　台湾では学校教育に欠陥があると指摘され、学校に学校外の教育経験を導入することが進められるようになっている。オルタナティブスクールの発展初期には、違法で教育を行うことに対して教育行政機関は悩まされてきたが、今では実験教育として教育改革の模範となっている。現行の学校教育体制とは異なる独立したものであったが、現在では、学校教育体制に付属したものとなり、このことが一般の公立小中学校に影響を与え、経営体制や授業内容にも変革を

もたらし、学校形態の成立につながっている。

　台湾のオルタナティブスクールは、保護者の学校教育に対する不満からスタートしたが、教育理念に基づいた新しい教育体制を作るというよりも、学校化を求めて発展してきたといえる。台湾の経験からみると、オルタナティブな教育が合法化していくプロセスにおいては、中央と地方である県市政府の役割が大きいと思われる。

■へき地振興と結び合うオルタナティブ教育

　図1は実験教育を受けている児童・生徒数をまとめた。2014年では学校形態は0人、公設民営は1186人、非学校形態は2823人だった。2019年には、学校形態は7334人、公設民営は2158人、非学校形態は8245人となっている。どの種類の実験教育でも増えている。

　とくに学校形態の増加は、学校が自ら運営転換したいというよりも、行政機関の要請によるもの、あるいは少子化の影響でやむをえず申請したものが多い。また、学校統廃合を避けたい実験教育校申請が多く、学校名に「実験」を付け加えた公立学校が増え、へき地教育の振興という目的が込められている。その結果、学校名だけをみても、それがオルタナティブスクールであるかどうかはあいまいになっている。

　筆者は保護者を対象に開かれた実験教育の説明会に参加したことがあるが、

図I　実験教育を受けている児童・生徒数（人）
（出典：教育部・国民及び学前教育署ホームページより筆者作成）

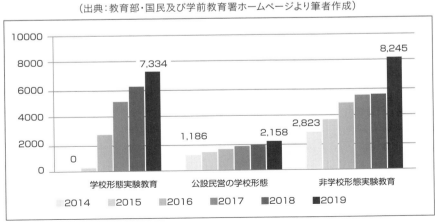

「公立小中学校を変えていくのは、実験教育が存在する意味」と小実光実験教育機構の責任者が述べたことが非常に印象に残っている。しかし、公立学校が申請した学校形態の実験教育校は、オルタナティブスクールの実践していることをそのまま導入するものではない。英語教育と生命教育（文徳小学校）、原住民教育（博屋瑪小学校）、ヨット授業（岳明小学校）など、課程綱要（「学習指導要領」にあたる）によらない多様なカリキュラムの編成がほとんどで、あえて実験教育を申請しなくてもできる実践である。

学校形態の実験教育は、学校の枠組みの中で実施されてきたもので、教育現場にとっては、一時的な教育の実験にすぎない。また、廃校になることを避けるには、実験教育による補助金で運営を続けるしかなったともいえる。さらに、公立学校による実験教育の実施は、学校教育とは異なる新しい教育が行われるという意味で受け取られ、行政機関や民間企業から多くの支援が得られる。

実験教育は学校形態の普及によって、現在では、へき地教育の振興という役割が中心となり、本来のオルタナティブ教育のためにある、実験教育そのものの意義が薄くなってきている。

■実験教育校になりたくない種籽（ジョーンズ）小学校

ところが、すべてのオルタナティブスクールが実験教育による運営転換を望んでいるとは限らない。

種籽小学校は1994年に廃校を利用して開校し、卒業証書を出せるオルタナティブスクールである。卒業証書には公立・私立と明記しておらず、教育局では私立学校のほうに分類されている。一日は6時限で必修科目と選択科目そして空き時間もあり、授業は教室だけではなく、校内のどこでも行われている（写真）。地方自治法に基づいて新北市教育局と一期9年間の契約で運営してきたが、2021年には期限が来るため、行政から実験教育校になるようにと求められている。

種籽小学校が実験教育校になるには「学校形態の私立学校」、「公設民営学校」と「非学校形態の機構」の3つの方法がある。

学校形態の私立学校になると、実験教育法によってカリキュラムと教員免許の規制緩和がある。しかし、学校法人になる必要があり、校地・校舎は自己所有、すべての運営経費も自己負担となる。

　公設民営学校になると、公立学校として補助金が得られて授業料を下げられるが、すべての教師に教員免許を持つ必要がある。しかし、ほとんどの教師は教員免許を持っていないことから、組織構成員を変えなければならない。また、行政機関主導の学校運営となるため、学校の自主性がなくなることが危惧されている。

　非学校形態の機構になるのが現在の運営体制と一番似ているが、今の校地・校舎を借りられなくなり、卒業証書も出せなくなる。種籽小学校の校地・校舎は原住民集落と水源保護地域で、新北市政府は原住民基本法にしたがい、用途変更をして原住民施設にする予定がある。

　どの実験教育校に運営転換しても、行政の監督が強まり、さまざまな規制も伴うのではないかという不安から、種籽小学校の関係者は今、契約更新を目標に署名運動を行っている。他方、台北市教育局の立場からみると、実験教育三法は地方がそれぞれ実施してきた実験教育を統一された基準なので、従うべきである。校地・校舎の借用についても、今後は指定管理者を公募する予定である。

　このように、オルタナティブスクールの運営体制を実験教育三法に合わせるために、規模や人数や授業内容は以前と変わらないにもかかわらず、余分の人力と経費が必要になり、結果的に重荷になってきた。

■実験教育校がかかえている課題

　近年、台湾では実験教育校に対する関心が高い。学校形態と非学校形態を問わず、実験教育の増加によって多様な学校教育体制が作り上げられている。しかし、学校形態は限られた内容の公立学校がほとんどで、非学校形態は残された課題が多くある。種籽小学校のような歴史の長いオルタナティブスクールは、実験教育の規定に合わせて、課題は解決されないまま合法化と学校化が進み、今後の発展の妨げになる恐れもある。それを避けるために、あえて非学校形態のままを維持するしかないが、運営が不安定になるかもしれない。

　種籽小学校の校長は「オルタナティブスクールはそれぞれまったく異なる教育を行ってきたのに、基準を一つに統一するのはおかしい」と述べた。実験教育はオルタナティブスクールの求めてきた結果というよりも、学校設置者の条

件、校地・校舎の条件、そして授業カリキュラムを規制緩和した特例のような
ものと思われる。

　非学校形態は本来ならオルタナティブスクールのために制定したが、近年で
は行政機関の申請も増えた。しかし、2020年6月に財団法人資訊工業策進会
（Institute for Information Industry）による「運算思維実験教育機構（Taipei
Computational Thinking School)」は実験教育校を申請してわずか1年半で、
突如の閉鎖を発表した。また、台北市政府文化局管轄の台北市文化基金会が申
請した「影視音実験教育機構（Taipei Media School）（写真）」の定員割れ問
題もマスコミに取り上げられている。さらに営利目的で申請する塾と企業法人
まで現れてきて、これにはさらなる検討が必要であるにもかかわらず、具体的
な対策がないのが実情である。

　どのような実験教育であって
も、最も重要なのは児童・生徒
の教育を受ける権利を守ること
にある。オルタナティブな教育
の目標、すなわち子ども主体の
授業実践を、学校教育法制にお
いてどのように実践するかは、
今後の課題であろう。

第II部

多様な学び法制を求めて

1. 義務教育「2本立て法制度」
—普通教育の機会を確保する2つの原理—

吉田敦彦（大阪府立大学）

　筆者は先に、学習権保障の「2本立て法制度」を提案した（拙稿『子どもの権利研究』第25号2014年）。発起人として参画した「多様な学び保障法を実現する会」での議論を踏まえ、フリースクール等支援議員連盟による議員立法の動きに合わせて発出したものだった。

　その法制化の動きによって、ひとまず2016年末に「義務教育の段階における普通教育に相当する教育の機会の確保等に関する法律」（以下、普通教育機会確保法）が成立した。「多様な」という文言が前面に出ていた議連座長の当初素案と比べれば、成立した同法からは、就学義務制度に変更を加える具体的な規定は留保された。3年後の見直しを附則に記したのは、その留保に自覚的で、時機をみて改正を検討する意思を示していよう。たしかに、理念法としての骨格においては、「多様な学び保障法骨子案」が目指した「2本立て法制度」の構想と通じるところがあり、今後その方向へ改正できる可能性を持っている。

　本稿では、この可能性を探る。普通教育機会確保法が、学校教育法とはもうひとつ別の、義務教育としての普通教育を根拠づける2つめの法律であること、少なくとも理念的にはそれを企図した枠組みをもつ法律であることを検証する。加えて、普通教育に相当する学習機会を確保する2つの原理を明確にして、2つの法が並立する義務教育法制を構築する必然的な意義を明らかにしたい。

■普通教育機会確保法の、学校教育法の枠を超え出る3つの条文

　まず、普通教育機会確保法における、本稿の関心から着目すべき条文として、次の3点を挙げる。そこに、同法が、学校教育法の下の補完法ではないことが読み取れる。

　まず第1に、第一条で、「子どもの権利条約」と「教育基本法」のみが上位法として明記される一方で、「学校教育法」には言及されていない点である。現行の教育法体系にあっては、学校教育法こそが、「義務教育の段階の普通教育」を規定しているのであるから、第一条で言及していないのは不自然である。あ

えて言及していない、つまり、普通教育機会確保法は、学校教育法の下ではなく、子どもの権利条約と教育基本法の直下に位置づくと解釈できる。この位置は、学校教育法と横並びである。少なくとも、学校教育法の下位にある補完法として構想されたものではない。（なお、子ども権利条約が明記される国内法は、2016年の児童福祉法の改正が初めてで、これはそれに続く2例目であり、特筆に値する。）

　第2に、第三条で、「年齢又は国籍その他の置かれている事情にかかわりなく、……教育機会の確保」とされている点である。学校教育法と対比すると、この意義が際立つ。学校教育法においては、義務教育の対象が年齢で限定されてしまっている(年齢主義)。また、外国籍の子どもは、対象としていない。これは学校教育法の基本的枠組みであるので、学校教育法の改正レベルで、「年齢又は国籍にかかわりなく」とまで対象を拡大するのは難度が高い。別に法律を、子どもの権利条約（「国籍にかかわりなく」の根拠）と教育基本法（「年齢にかかわりなく」の根拠——後述）の直下に新たに制定する方が無理がない。これは、直接には夜間中学校での教育機会を公認するための条文であるが、増え続ける外国にルーツをもつ子どもの学習権保障という観点から、ますます重要である。時代の要請に応じて、現行の学校教育法の枠組みを超える義務教育保障に、新たな法律を制定して踏み出した点に注目し、評価しておきたい。

　第3に、第一三条で、「(不登校児童生徒が)学校以外の場において行う多様で適切な学習活動の重要性」を公認した点である。この意義については、すでに多くの論者が指摘しているので、学校教育法との関連だけに絞って述べる。憲法・教育基本法の定める義務教育段階の普通教育は、学校教育法に定める学校で行う教育だけが相当する、と定義されてきた。学校以外の場で学習は、その内容がどのようなものであれ、義務教育・普通教育としては認められなかった。(「不登校児童生徒が」という限定が付されているとしても、)学校教育法の一条校以外の場で、普通教育に相当する教育機会が「多様で適切に」確保されうることを公認した法律が誕生した事実は、画期的なまでに大きい。

■義務教育「9年」規定を削除した改正教育基本法の真価

　このように焦点を絞ってみると、普通教育機会確保法が、学校教育法の枠に収まる単なる補完法ではなく、むしろ学校教育法の枠組みを超える志向をもつことが見えてくる。法体系上の理念と位置づけは、学校教育法の枠内に収まら

ない、むしろ並列である。その解釈の根拠を補強するために、上位法である教育基本法の義務教育条項を見ておきたい。

　教育基本法は、憲法26条で規定された教育を受ける権利、普通教育を受けさせる義務および義務教育の無償を、ワンステップ具体化する憲法直下の法である。ここで、その義務教育に関する条文の、平成18年（2006年）改正の前後を対照させてみる。

　スポットライトを当てたいのは、改正にあたって、旧法の「九年の」を新法では削除したことだ。その意図は明白だろう。年齢や履修年数にかかわりなく、義務教育として行われる普通教育を定義できるようにしたのである。現行の学校教育法は旧法に基づいて6歳から15歳までの9年間の就学義務を定めているから、もし年齢主義ではない原理に基づく義務教育の定義を導入するならば、もうひとつ別の法律を定めることになる。

　では、それは、どのような原理によることになるか。改正後の新法では、旧法になかった第2項を新設して、普通教育で培い養うべき、つまり習得すべき内容を明記した。これは、習得内容を不問にして履修した年数だけで義務教育を定義してきた旧法では不要だったものである。逆に言えば、2006年に改正された教育基本法によって、年齢主義でなく習得主義（修得主義）で義務教育を定義する新たなステージが創られていたのだ。

表1　改正前後の教育基本法における義務教育条項の新旧対照

改正前の教育基本法（昭和22年法律第25号）	改正後の教育基本法（平成18年法律第120号）
第四条（義務教育） 国民は、その保護する子女に、九年の普通教育を受けさせる義務を負う。	（義務教育）第五条 国民は、その保護する子に、別に法律で定めるところにより、普通教育を受けさせる義務を負う。
新設→	2. 義務教育として行われる普通教育は、各個人の有する能力を伸ばしつつ社会において自立的に生きる基礎を培い、また、国家及び社会の形成者として必要とされる基本的な資質を養うことを目的として行われるものとする。

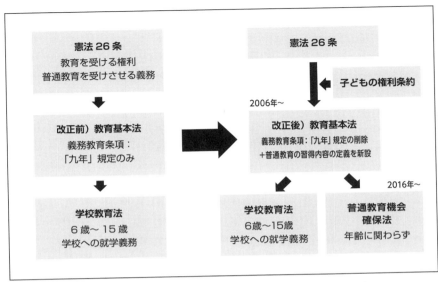

図1　教育基本法改正後の義務教育法制の新ステージ

　こうしてみると、「9年」を削除した教育基本法の改正が、その時点ですでに、学校教育法とは原理の異なる「別に定める法律」を予期していたと言えるだろう。その法律こそが、「年齢にかかわらず」、また「学校」（第一条校）に9年間通学したかどうかではなく、「学校以外の多様で適切な学習活動」であっても、第2項に新設した内実を学び、習得できていれば、義務教育段階の普通教育に相当する教育を受けたと見なす法律、すなわち普通教育機会確保法ではないか。

　だからこそ、この法律には、「義務教育の段階における普通教育に相当する教育の機会の確保等に関する法律」という実に長い、しかし、こうしてみると極めて正確な、この法律の教育基本法との関連を言い当てた名称が付いているのである。けっしてそれは、「就学機会の確保等に関する法律」ではないのだ。その名称であれば、学校教育法の年齢主義の就学義務規定を補完する法律になってしまうからである。

■学校教育法と普通教育機会確保法の2つの異なる原理

　2006年の教育基本法改正と2016年の普通教育機会確保法の制定によって、思いのほか大きな義務教育法制をめぐる変動が、いま生じている。すでに現時点で、教育基本法第5条で「別に法律で定める」とした「義務教育の段階の普

通教育に相当する教育」を定めた法律は、2本ある。

A「学校教育法」(9年の年数、年齢主義。一条校への就学義務)
B「普通教育機会確保法」(年数、年齢に縛られず、学習機会を保障する。cf.夜間中学校)

　ただし、Bは、それ相当の教育機会の質を担保する制度的な具体化ができていないため、新たな原理による義務教育の定義を確立するに至っていない。としても、理念法としての骨格はできているので、今後の改正で2本立ての義務教育法制度へと向える過渡的なステージには入っていると言えるのではないか。

　したがって、今後必要なのは、既に見てきたような年齢主義と習得主義といった両者の異なる原理を明確にしたうえで、公費助成に耐えうるだけの質の保証、認証評価の仕組み、助成金の支給対象など具体的な制度設計に、説明可能な一貫性のある原則でもって取り組むことだろう。そのガイドラインになるように、両者の間の異なる原理や志向を対比させて整理したのが表2である。

　キーワードを通覧していただければ、アウトラインは掴んでいただけると思う。表の1,2については前項で既述のとおり。3、4については、普通教育機会確保法の具体的展開を図る文科省からの委託研究として、東京学芸大学の加瀬教授を中心に進めてきた「フリースクール等民間団体の自己評価と相互評価／第三者評価に関する研究」の成果が本書でも共有されている。「自己評価と相互評価／第三者評価」に基づく情報開示と評価機関(中間支援組織)の在り方について検討が進んでいるので参照してほしい。6,7については、本稿では紙幅が尽きたので説明は拙稿(「「オルタナティブ」の三つの意味合い／一元化と多様化のはざまで」、所収:永田佳之編『変容する世界と日本のオルタナティブ教育』世織書房、2019年)に譲り、今後の議論を期したい。

　最後に押さえておきたいのは、2つの原理は二者択一でないということだ。どちらかだけを絶対視して、100％と0％にすべきでない。ひとつの社会のなかに、年齢主義・事前規制系列の原理による法制度(学校教育法)しかないのは、あまりにバランスが悪い。したがって、他方の原理による制度の余地も法的に保障した2本立ての学習権保障システムが望ましい。

表2　義務教育（学習権保障）2本立て法制度の2つの原理

		学校教育法	普通教育確保法
1	義務教育の修了認定の原理	学校教育法年齢主義（履修主義）:6歳から15歳までの9年間	(改正)普通教育機会確保法習得主義（修得主義）:年齢・国籍その他の事情にかかわらず
2	保護者の義務	就学義務（就「学校」義務）:「学校」（一条校）に通わせることで普通教育を受けさせる義務。	学習義務（就「学習機会」義務）:普通教育に相当する学習機会を確保する義務（学校外の多様で適切な学習活動を含む）。
3	教育の質の保証、認証評価の仕方	事前規制中心（どこで学ぶか）:行政の定める外型基準（学校設置基準、学習指導要領、教員免許、検定教科書など）に合致した「学校」に通学・出席（履修）していれば適切な教育を受けたと評価。	プロセス評価中心（何を学んでいるか）:学習者（保護者）もしくは学習活動を提供する学び場が提出した資料（学びの履歴）や自己評価に基づいて、習得状況の適切さを継続的に相互評価（ピア・レヴュー）。
4	認可・認証の機関	国・地方自治体の教育行政機関	第三者も入った民間の互助的認証機関
5	公費助成の対象	制度化された学校（教育機関）:教員は公務員採用、学校運営費・交付金。私立学校は私学助成金。	学習者個人（保護者）:保護者に「学習支援金」を給付。多様で適切な「学び場」による代理受領も可。
6	理念の志向性	社会権:平等、機会均等、格差是正制度が個人に先立つ。	自由権:思想・信条・学問・教育の自由個人が制度に先立つ。生活世界、親密圏が起点。
7	多様性の捉え方	システム、公共圏が起点。学校の中での多様性:学校が多様性を包摂（インクルージョン）一元的統制（全数把握）	学校の外へ多様性:学校は社会の多様な教育機会の一部多元的生成（統制不能なアソビの余地）

2. 教育基本法に最善の解釈を与え、多様な教育に生かす

古山明男（おるたネット）

　教育基本法を、次の三つの点で積極活用することができる。いずれも、教育基本法の上位法である憲法および国際条約と照らし合わせるときに現れる解釈である。

- 教育機関設置の自由
- 学問の自由
- 保護者の教育選択権

■教育機関設置の自由

　個人または団体が、教育機関を設置し管理する自由は、子どもの権利条約（第29条第2項）、社会権規約（第13条第4項）に保障されている。

　しかし、教育機関設置の自由は、日本国内では、ほとんど取り上げられてこなかった。その大きな理由は、この条文は「国によって定められる最低限度の基準に適合すること」とされているためである。日本において、教育機関の基準を定めた法律は学校教育法しかない。そのため、大規模な施設、学習指導要領の適用、教職免許の必須などが課され、ニーズに応じて柔軟に教育が生まれることができなかった。

　しかし、学校教育法は日本における標準教育を定めたものであり、最低限度の基準を定めているとは言えない。日本の教育法制に最低基準を求めれば、それは教育基本法である。そのように理解すれば、日本の教育は教育機関設置の大幅な自由を得ることができる。

　教育における最低基準は何か、という問題をめぐり、おもしろい実例がある。台湾は、近年になって、オルタナティブ教育を解禁した。その際に、なんでもいいというわけにいかなくて、最低基準が必要になり、1999年に教育基本法を制定した。台湾の教育基本法は日本の教育基本法に似て、基本的理念、権利義務関係、などを述べたものであり、詳細な要件に触れたものではない。

　日本の教育基本法が教育の最低基準であると読むと、現実に存在する居場所

型フリースクール、ホームエデュケーション、夜間中学などは教育基本法に抵触しないのである。抵触しないどころか、むしろ支援的である。支援的な条文に第3条がある。

問題になりやすい条文に第2条第5号がある。

「伝統と文化を尊重し、それらをはぐくんできた我が国と郷土を愛するとともに、他国を尊重し、国際社会の平和と発展に寄与する態度を養うこと。」

ここに、愛国心という文言はない。この条項は、「自分の国も他国も大事にしましょう」という当たり前のことを言っているだけである。

教育基本法の非常に注目すべき点は、義務教育(第5条)と学校教育(第6条)を分けていることである。義務教育の条文に、学校という言葉は一言も現れない。つまり義務教育を学校に限定していないのである。

第5条第2項は、義務教育として行われる普通教育の目的を3点挙げている。

- 各個人の有する能力を伸ばす
- 社会において自立的に生きる基礎を培う
- 国家および社会の形成者として必要とされる基本的な資質を養う

これら3点は、オルタナティブ教育関係者も同意できるところであろう。多様な教育が義務教育として存在するための法制的基盤を提供している。

さらに第5条第3項は、「国及び地方公共団体は、義務教育の機会を保障し、その水準を確保するため、適切な役割分担及び相互の協力の下、その実施に責任を負う」としているが、この条文があるから『学校教育法』だけでは足りなくなって、『普通教育機会確保法』ができてきたと考えられる。

学習指導要領に従わなくていいのか、という問題が生じるが、学習指導要領は、学校教育法に付随しており、法律に定める学校にしか適用されない。家庭教育にも社会教育にも、効力は及ばない。

教育基本法第3条(生涯教育の理念)は、「生涯にわたって、あらゆる機会に、あらゆる場所において学習することができる」社会の実現を掲げている。教育を学校教育に狭く限定しない、という考え方は、旧法から連続している。今後教育を多様化していくにあたって、重要な基盤になるものである。

■学問の自由

　憲法第23条は「学問の自由は、これを保障する。」としている。これを受けて、教育基本法第2条は　「教育は、その目的を実現するため、学問の自由を尊重しつつ、次に掲げる目標を達成するよう行われるものとする」としている。

　学問の自由は、研究者の学問の自由のみならず

- 教育者の学問の自由
- 学習者の学問の自由

を含むと考えられる。いかなる教育であったとしても、教育者が精神の自由を持ち、学問の自由を体現していることは大事である。

　学習者は、訓練を受ける教え込みの対象と考えられがちであるが、子どもが学問をしていると捉えることは重要である。子どもはほんとうに疑問を持ち、探求している。たとえば、太陽がなぜ東から昇り西に沈むかを子どもは疑問を持つが、これは500年前には学問の最前線であった。子どもこそ、学問をしている。

　教育基本法における学問の自由は大学に限定されるという解釈も根強かったが、新法でははっきり「教育は」としており、小中高校にもオルタナティブ教育にも学問の自由の効力が及ぶ。

■保護者の教育選択権

　国際的に教育法制の基盤は、学ぶ側の「教育への権利」(right to education)である。これは、「教育機関を作る自由」と「教育機関を選ぶ自由」が軸となっている。保護者が教育の種類を選択できることは、国際的に確立された基本的人権である。これに対応する国内法が2006年の改正教育基本法に現れた。

　教育基本法第10条（家庭教育）は

「父母その他の保護者は、子の教育について第一義的責任を有するものであって、生活のために必要な習慣を身に付けさせるとともに、自立心を育成し、心身の調和のとれた発達を図るよう努めるものとする。」となっている。

　現在、多くの人は、この条文を「家庭でもしっかりしつけるように」の意味に解釈している。しかし、重要なのは、教育基本法第10条が「子の<u>教育</u>について第一義的責任」としていることである。児童の権利に関する条約に似た文

言があるが、それは、「児童の養育及び発達についての第一義的な責任」（第18条）である。教育基本法第10条は、養育ではなくて、教育に関する保護者の責任を言っている。

　保護者の教育に関する責任は、単に「子どもを国の定める学校に行かせて勉強させること」ではない。それでは、あまりに子どもに対して抑圧的になってしまうことがある。

　現実に、子どもが画一的な授業についていけなかったり、いじめられていたり、学校が怖くて行けなくなっていることは、頻発している。それでも子どもの学ぶ権利を守るためには、教育選択の自由を保障する必要がある。

　特に、国際人権A規約（社会権規約）は、「保護者が、公の機関によって設置された学校以外の学校を児童のために選択する自由」を国は尊重する、としている。（第13条第3項）。ここに、「公の機関によって設置された学校以外の学校」とはっきりと書かれていることは重要である。その理由は3点ある。

　1点目は、公立の学校が子どもに対して抑圧的なものとなってしまったときに、子どもと保護者に、公立学校を離脱する自由を保障することである。国家が運営する教育は、全体主義国家を維持する手段になり得るし、戦前の日本の軍国主義教育のようになってしまうかもしれない。

　2点目は、マイノリティの保護である。少数民族が、自分たちの言語や文化を尊重する教育を持てなければ、その民族は消滅してしまう。日本でアイヌが民族として消滅したのは、アイヌ語を抑圧する学校を全員に強制したことが最大の理由である。

　3点目は、保護者の宗教的、道徳的な自由を尊重するためである。現代の日本で言うならば、公立学校が個人主義的競争と集団への忠誠の道徳で動いているのに対して、より個人の自発性を尊重した道徳で教育をしたい人たちがたくさんいる。その人たちの思想・良心の自由が尊重されていないのである。

　もしこの「公の機関によって設置された学校以外の学校を児童のために選択する自由」が、日本の国内法に反映されていたらならば、学校に合わない子どもと保護者が、悶々と不登校状態に苦しむことはなかったであろう。子どもが行ける学校を探せばよいからである。

　国際条約は、すべての人の「教育への権利」を守るために、教育機関設置の自由と、教育選択の自由を保障している。教育基本法は、そのような国際条約を国内法に反映させている、と解すべきである。

3. 外国籍の子どもと外国学校から見た「教育への権利」

　「義務教育の段階における普通教育に相当する教育の機会の確保等に関する法律」、通称「普通教育の機会確保法」ができて3年以上が経つ。その間、日本の「教育への権利」の状況は何か変わったと言えるだろうか。次のステップは何だろうか。外国籍の子どもたちと、外国学校※1の視点から考えてみたい。

■教育を「受ける権利」と「選ぶ権利」からなる「教育への権利」

　そもそも「教育への権利（right to education）」とはどんな権利を意味するのか。世界人権宣言の第26条は、「すべて人は、教育への権利を有する（傍点筆者）」で始まる。日本政府の「仮訳」では「すべて人は、教育を受ける権利を有する（傍点筆者）」と訳されているが、これは明らかな誤訳である。この国際法上の概念は、しばしば誤解されるように「教育を受ける権利」と同じものではない。例えば、どこかの国で多数派宗教の教育のみが許されていたとしたら、少数派宗教の家庭にとって、その教育を受けることが「教育への権利」の保障とは言えない。世界人権宣言第26条がその第3項で「親は、子に与える教育の種類を選択する優先的権利を有する（傍点筆者）」と明記するのは、そのためである。

　「教育の種類を選ぶ」とは「学校選択」のことではない。宗教教育の有無や種類だけでなく、教育思想、カリキュラム、教授法、教授言語などについても、いくつもありうる選択肢の中から、家庭がその信条に応じて子どもにあった種類の教育を選ぶということだ。日本では、教育課程が政府の定める学習指導要領で規定され、検定教科書の使用が義務付けられ、学校設置基準の課す施設・設備要件がハードルとなるため、フリースクールやシュタイナー学校、外国学校などオルタナティブ学校の大部分が正規の学校として認められていない※2。つまり、日本の教育制度は、それらの種類の教育を求めるものに「選ぶ権利」を認めていないのである。

　「普通教育の機会確保法」が議論された当時、私は「多様な学び保障法を実現する会」を通じてブラジル学校の立場を代弁する形で法律の成立を支持した。外国学校を含む多様なオルタナティブ学校の教育のあり方が、「普通教育に相

50 ｜ 第2部　多様な学び法制を求めて

当する教育」の一つの形であると認められることを期待したからだ。

　結局、最終的に成立した法律はその期待に応えるものではなかった。しかし、外国籍の子どもたちと外国学校にとっては一抹の光といえる条文がポロッと挿入されていた。「国籍や年齢…にかかわりなく、その能力に応じた教育を受ける機会が確保されるようにする」という一文だ。見過ごされがちな一言で、具体的に新しい施策を求めているわけでもない。しかし、これまで「恩恵」としてしか認められてこなかった外国籍の子どもたちの「教育への権利」が、日本の法律で初めて言及されたことは注目に値する。

■外国籍の子どもと「義務教育」

　日本は、外国籍の子どもを義務教育の対象外とする珍しい国である。義務教育は、子どもに対する義務や強制ではない。それは、保護者が子どもに教育を受けさせる義務のことであり、また政府や自治体がそれを無償で保障する責任のことを意味する。つまり、子どもにとっては「教育を受ける権利」を意味する言葉なのだ。ところが、その権利は「国民」だけに認められるとされ、外国籍の子どもには否定されているのが現状だ。「希望さえすれば外国人でも公立の小中学校に受け入れる」と政府は言うが、実際は日本語力の不足や学齢超過などを理由に拒否される例がいまだ見られる。私自身、ブラジルから連れて帰った娘がそのような体験をした。

　2019年、そんな状況に変化が訪れた。入管法を改正して外国人の受け入れを拡大することが、国をあげての議論を呼んだときのことだ。同年6月には「日本語教育推進法」も成立して、国と自治体は日本に住む外国人とその子どもたちに向けて日本語教育を推進する責務があるとされた。文科省は、外国籍の子どもの就学状況について初めての調査を実施し、9月にはその結果を公表した。日本で暮らす義務教育年齢の外国籍児童生徒およそ12万人のうち、2万人以上が不就学か、就学の状況が確認できない状況にあることがわかり、関係者に衝撃を与えた。翌年、文科省は有識者会議を設けて外国籍の子どもの教育につい

※1 民族学校とインターナショナルの総称。「外国人学校」と呼ばれることが多いが、本書では「外国学校」という呼称を用いる。同じように、「ブラジル人学校」ではなく「ブラジル学校」とする。それらは「外国語で外国方式の教育をする学校」であって、国籍による入学資格を設けるものではないからだ。実際、日本国籍の子どもにとっても一つの選択肢となっている学校である。

※2 教育特区の制度によって正規の私立学校となったフリースクールやシュタイナー学校、インターナショナルスクールもあるが、極めて例外的である。

て話し合い、その就学促進をはかることを確認し、各自治体の教育委員会に就学状況の把握を求める通知も送った。

　しかし、外国人の義務教育に関する議論は進まなかった。上記の有識者会議でも就学義務化を検討すべきとする意見が出たが、会議の最終報告書では「子供の教育に関する義務と権利の在り方、外国人学校等との関係や、国際的な動向等を踏まえつつ、引き続き慎重な検討を行う必要がある」と結論づけられた[※3]。「慎重な検討」というのは、官僚言葉で「当分はやらない」ことを意味するのだそうだ。

　外国籍の子どもに義務教育が当てはまらないというのは、実は政府の見解・解釈にすぎないと言われる。憲法第26条に「すべて国民は、法律の定めるところにより、その能力に応じて、ひとしく教育を受ける権利を有する（傍点筆者）」とあるのが理由とされるが、納税の義務も憲法では「国民」の義務とされながら、この場合の「国民」には外国人も含まれる。世界人権宣言も国際人権規約も、初等教育はすべての者に対して義務的でなければならないと明記する。さらに、憲法第98条には「日本国が締結した条約及び確立された国際法規は、これを誠実に遵守することを必要とする」とあることからも、外国人の義務教育に関する政府の解釈は、憲法自身の精神に反するというのが私の主張だ。

■外国籍の子どもに義務教育が否定される理由

　義務教育が外国籍の子どもに当てはまらない理由を、政府は「日本の初等教育は国民の育成を目的とするものであって、それを外国人に強制することはできないから」と説明する。例えば、外務省の出した冊子には以下のような一節がある。

　　わが国では、初等教育は、心身ともに健康な国民の育成を期して、国民として必須の教育を授けることを目的として行われています。したがってこのような目的の下に日本語で行われる初等教育を外国人に強制的に受けさせることは実際的ではないと考えられることから、希望する外国人に対しては、初等教育を無償で開放することとしていますが、これを強制することまでは考えておりません。
　　（外務省『世界人権宣言と国際人権規約－世界人権宣言60周年にあたって』、2008年）[※4]

外国籍の子どもの義務教育は、本当に「実際的でない」のだろうか。「強制できない」とはいったいどういう意味だろう。日本で育つ子どもは、その多くが大人になっても日本に残り、やがて私たちと一緒にこの国を支えていくことになる。その子どもたちが心身ともに健康な市民として育ち、日本語を身につけて社会で十分機能できるようになることは、本人たちにとってはもちろん、日本の社会にとっても実際的な課題ではないか。政府がその課題に向き合えないことの本当の理由は、どこか他にあるのではないだろうか。

　元文科事務次官だった前川喜平氏が、インタビューに答えて以下のような証言をしている。

　（外国学校の多くが正規の学校でないため）外国籍の子どもの保護者に就学義務を課してしまうと、子どもが外国人学校（筆者注：原文通り）に通っている場合は就学義務違反になってしまいます。これも外国籍の子どもの保護者を就学義務から除外する理由の一つです。
　（毎日新聞、2020年8月4日朝刊「にほんでいきる」）

　これは重大な発言だ。政府が「外国人に義務教育を強制できない」とする理由の少なくともその一部が、外国学校の存在にあるという発言だからだ。戦後の長い期間にわたって、日本で暮らす外国人の大部分が在日コリアンで、政府にとって外国学校（民族学校）とは朝鮮学校のことを意味していた。その朝鮮学校と政府の不和の歴史[5]が、政府をして「外国人には義務教育を強制できない」と結論づけさせてきたのだとしたら、その姿勢をいつまでも続けることは、過去に囚われた悪弊以外の何ものでもないだろう。

---

[3] 文科省（2020）『外国人児童生徒等の教育の充実について（報告）』、p.19。
[4] 外務省のHP:https://www.mofa.go.jp/mofaj/gaiko/udhr/index.htmlより。
[5] 朝鮮学校と政府の不和の歴史は、終戦直後に日本各地で生まれた朝鮮学校を、1948年に連合国軍最高司令官総司令部（GHQ）と日本政府が閉鎖しようとしたときに始まる。反対デモの群衆はアメリカ軍・警察部隊と激しく衝突し、GHQが非常事態宣言を布告するまでの事態にいたった。1952年にサンフランシスコ講和条約が発効すると在日コリアンは日本国籍を失い、以降「外国人」として義務教育の外にあって朝鮮学校を再建していった。1960年代以降、各都道府県が朝鮮学校を「各種学校」に認可していったが、政府は今でも各種学校を正規の学校として認めていない。

■外国学校での教育を普通教育と「みなす」提案

　2019年末現在、日本には293万人の外国人が暮らしている。そのうち「特別永住者」とされる在日コリアンは31万人に過ぎない。外国学校も多様化しており、朝鮮学校と同様に古い歴史のあるドイツ学校、中華学校、フランス学校、アメリカ学校、韓国学校、インドネシア学校、インターナショナルスクールの他に、近年はブラジル学校、ペルー学校、インド学校、フィリピン学校、ネパール学校、そしてイスラム系の子どもが多く通うインターナショナルスクールなどが開設されている。ブラジル学校は特に多様で、各種学校として認定され規模も大きなものから、十数人の子どもが通う私塾ないし託児所的なものまで数十校が存在する。

　前川氏の証言は、これらの外国学校の処遇を明確にすることが義務教育の議論への道であることを示唆する。では、どこから手をつけたらいいだろうか。

　外国学校がここまで多様化すると、それらすべてを正規の私立学校に認定していくのは現実的に思えない。そこで再浮上するのが、「多様な学び保障法を実現する会」が「普通教育の機会確保法」制定の際に主張した「オルタナティブ学校での教育を普通教育の一つの形とみなす」という案だ。

　憲法も教育基本法も、よくよく読んでみると、義務教育とは「普通教育」を受けさせることだとあって「学校」に通わせることだとは書かれてない。「就学義務」は、学校教育法という下位の法律の規定するものなのだ。外国学校が正規の「学校」だとは認められなくても、そこでおこなわれる教育がある一定の基準を満たしていたら、それを普通教育の履行と「みなす」という提案だ。「普通教育の機会確保法」成立の際も、この考えをオルタナティブ教育一般に当てはめる案がギリギリまで検討された。法律名に「普通教育に相当する」という一言があるのは、その名残なのだ。

　「普通教育の機会確保法」でできなかったことが、例えば「多文化共生推進法」と名付けられるような法律では実現できないだろうか。それが私の提案だ。その際に重要なのが、「ある一定の基準」に関する深い討論だ。先の法律では、その議論が浅いまま拙速に法案が取りまとめられ、フリースクールの側からの警戒が生まれて「みなし」案が頓挫した。

　一度できてしまった法律を改定することは、新たな法律を作るより難しいのかもしれない。外国籍の子どもの義務教育という、人間の尊厳に関わる重大な

テーマにつながる法律に失敗は許されない。外国籍の子どもにとって、また未来の日本の社会にとって何がたいせつか、そのためには外国学校はどのような基準を満たす必要があるのか、日本の政府はそのためにどれだけの貢献と投資をしなければいけないのか、じっくり話し合うプロセスを今すぐにでも始めるべきだと思う。

第III部

多様な学びの実践を創る

1. 多様な学びと子ども中心の場の創造力
〈実践交流のまとめ〉

奥地圭子（東京シューレ）

　この分科会では、実際の実践を出しあう、参加者にとって、実際がわかる、ということをポイントにしました。それぞれの多様な学びを創り出している団体は、実際、日々どのような実践を行っているのでしょうか。また、その実践は、なぜ行い、どのような意義を持っているのでしょうか。

　それらを知った上で、相互に、あるいは会場の皆さんと交流することにより、子ども中心の場が持つ創造力について深め合いたいと考えました。

　発表いただいた団体と人物は下記のとおりです。進行の方法は、各団体発表20分、その団体への質疑10分、それを3回行い、その後の30分を会場とのフリーディスカッションといたしました。

①箕面こどもの森学園

　大阪府箕面市で認定NPO法人コクレオの森が運営する学園で、子ども一人ひとりの個性を尊重し、民主的に生きる市民を育むことを目的としたオルタナティブスクールです。フレネ教育やイエナプラン教育をベースに、ESDにも取り組み、小中学生約60名が学んでいます。発表者は、小学部担当のスタッフ、矢吹卓也さんでした。

②デモクラティックスクール「まっくろくろすけ」

　兵庫県市川町で活躍するオルタナティブスクールで、子どもが主体となりおとなと一緒に自治スクールを運営しています。子どもの自由が尊重され、自分の好きなことを学び、自分を育てるのは自分という考えのもと、定員40名の学園です。発表者は団体代表で、創設者でもある黒田喜美さんでした。

③東京シューレ

　不登校の激増するさなかの1980年代半ば、学校外の居場所・学び場として東京都北区に開設。4つのスペースとホームシューレ部門をもつNPO法人が

運営するフリースクールです。「子どもがつくる・子どもとつくる」を理念とし、一人ひとりの自由ややりたいことの応援をミーティングでの話し合いを軸にしながら取り組んでいます。発表者は、王子シューレ中高等部のスタッフの佐藤信一さんでした。

④ディスカッション

3つの発表団体とも、非常に面白く、子どもが主体的に活動し、個々の尊重と、共同でさまざまなことに取り組みながら成長していく具体例が交流され、子ども中心の場の創造力とその可能性を参加者の皆さんが感じられたと思います。しかし、経済面、スタッフ養成、保護者との関係、学校・行政との関係、地域社会との関係等質問や意見交換の中で、未来にひらいていくための課題もいろいろ考えさせられた時間となりました。今後も、このような交流を重ねていけたらと感じました。

1）箕面こどもの森学園の活動から

矢吹卓也

箕面こどもの森学園とは、子ども一人ひとりの個性を尊重し、民主的に生きる市民を育むことを目的としたオルタナティブスクール（小中学校）です。フレネ教育やイエナプラン教育をベースに、ESD（持続可能な未来をつくる教育）を行っています。3学年ごとの異学年混合クラスで、現在小1〜中3までで約60名の子どもたちが学んでいます。今回は、子ども中心の場の創造力ということで、学校生活のことについて話し合う「集会」と自分の好きなことややりたいことができる「プロジェクト」について紹介します。

こどもの森では、学校自体が民主的な場であるために、大人だけで物事を決めず、学校のルールについては、集会の場で決めています。話し合いたい議題を誰でも出せるように、集会のボードが用意されており、そこには「言いたいこと、聞きたいこと」「やりたいこと」「ともだちのいいところ」「困っていること」が書き込めます。

集会では「勝負なし法」というものを参考に、議題についてお互いに感じていることを聴き合い、そこから誰もが納得できるものを見つけるために、案出しをします。低学年クラスでの「マスクが落ちていて嫌だ」という議題の時に

は「マスクが落ちているのは衛生面的にどうか」という意見や「暑いから外してしまう」「スポーツするときは、外さないとしんどい」という意見が出て、マスクの取り扱いについてのルールを決めました。

　また、全校集会での「校庭の遊び道具が片付けられていない問題」の時には、現在の道具入れにうまく入らないということが分かり、新しく物置をつくるプロジェクトチームが立ち上がり、プロジェクトの時間を使って新しい物置が作られました。集会では、このように生活の中で起こる出来事を取り上げ、対話を通して、より良い未来を模索し、自分たちの力で創ることを体験しています。

　「プロジェクト」という時間では、自分の好きなことややりたいことができます。木工で流行りの刀づくりや、工作でお家づくり、サッカー、クッキングなど、多様なニーズにこたえられる環境をつくっています。

　プロジェクトを始めるとき、子どもたちは、まず自分がやりたいことを考えます。自分の「興味関心の種」を見つけたら、次にプロジェクトシートを使って、どんなプロジェクトにしたいか図示したり、必要なものをまとめるなど「発想の枝」を伸ばしていきます。そこからプロジェクトに取り組み、完成した「作品」を展示したり、遊んだりします。

　プロジェクトでは、このように自分を表現し、大切にできる環境を整えています。自分を表現し、受けとめてもらえる環境で、人はもともと持っている創造力を発揮できます。そして「身の回りのことを自分たちでつくっていけるんだ」という実感が、持続可能な社会の担い手である民主的な市民を育んでいくことに繋がっていると感じます。

2）デモクラティックスクールまっくろくろすけの活動から

　兵庫県の姫路市から北に30キロほど行ったところにあり、7歳から16歳まで30人ほどが通っています。「デモクラティックスクール」のだいご味である子ども自身が行う「直接民主制」による自治を紹介します。

　基本的人権に基づいて自由に学び過ごすスタイルの学校です。全体に影響することなどを子どもとスタッフが話し合って決めていきます。そのための話し合いをどんなふうにしていくかを工夫して様々な種類を設けています。設定自身も子どもが決めるので、来ている子によって変わってきました。現在は6種

60 | 第3部　多様な学びの実践を創る

類あります。特別な時以外は出席したい人と関係のある人が参加します。

「朝の会」は毎朝開かれます。主にその日のことについて打ち合わせするためのものです。

「終わりの会」は集団生活の要となるものです。今後の予定・困ったこと・ルール制定などが議題です。以前は参加する子が何人か必ずいました。去年は参加者がいない時もあり、相談したいのに相手がいない…という状況も。そこで一人一人にミーティングについてどう思うか聞き取りを行ったところ、全員がミーティングは必要、相談に乗ってくれる子どもがいないとならない、おとなにだけ頼みたいわけではないと考えていました。そこで3人ずつ順番に係りを行うことになりました。通っている年数の長い人から3グループに分けました。長く来ている人、中間くらいの人、新しい人のグループから順番に選ばれた3人とおとなひとりの合わせて4人が司会、書記、意見を考える係りとなることに決まりました。先輩・後輩というものはないのですが、長く来ている子たちは新しい子たちに必要なことを教え、サポートしています。日常でもたくさん見られる姿です。

今まで一度も司会をしたことがなかった子も意識をして全体を理解するようになりました。係を怖がっていた子もやってみると案外面白いという子もいました。新しい子は司会などしなくても、聞いてもらって先ずはミーティングに慣れてもらうことに重きを置いています。

「終わりの会」で全員に話さないとならないことがでると、緊急のこと以外はいくつか集めておいて「全員招集」が行われます。主に注意・報告(新しいルールなど)と特別に全員の意見を聞きたいことなどです。自由時間と全員で話すことのバランスをとっています。ここに通いたくて来ているので、全員招集には各自やっていたことをすぐに中断して集まります。前の学校でやっていることを中断できないと言われていた子もです。

「週ミーティング」では担当の子たちが細かい案を作ったり、イベントや総会の準備などをしたりします。

「大会議」と「総会」という学校の年間の基礎を作るための会議があります。まず、来年の設定には全員の意見が反映されるようにアンケートが行われます。子ども代表の子たちがそれを集約して、次年度案を作ります。自分たちと過ごすおとなもここで選ばれます。どの人に来てほしいか、来てほしくないか等希望があれば書きます。おとなに改善してほしい点も書かれるので、私たちおと

なも反省することもあります。予算や学費額も決めます。代表が作った案を「大会議」では全員が参加して見直します。そして、「総会」で保護者も来て最終決定します。

　「裁判」では著しい人権侵害(暴言・暴力)について取り扱います。少年法の理念と同じくトラブルを起こした子の問題行動が改善されるように考えていきます。性格や年齢や来ている年数によって全体のことをどれだけ理解できるか、興味があるかは違いますが、当事者である、つまり子どもがなくては成り立たないという意識があります。つまり子どもが中心だということです。コロナのことで休校にするかどうかもみんなで決めました。そこがなくては「まっくろくろすけ」ではないと言っている子もいます。

3) フリースクール東京シューレの活動から

佐藤信一

　NPO法人東京シューレは、1985年に学校制度外の居場所・学びの場としてスタートしました。現在フリースクール部門は、東京都(北区・新宿区・大田区)と千葉県流山市の合計4か所があります。小学1年生から23歳まで在籍可能で、現在約210名の子ども・若者たちが会員としてつながっています。

　ここでは特に、「子どもがつくる・子どもとつくる」をモットーに35年間活動を続けてきた私たちが日常大切にしている5つの理念について、具体例と共に紹介いたします。

① ほっとできる居場所であるということ

　東京シューレにやってくる子どもたち全員に共通していることは、それぞれのタイミングと理由により不登校を経験しているということです。そして、多くの子どもたちがその過程の中で何らかの傷を受け、人間不信や自己否定感をもちながら、ようやく東京シューレにたどり着きます。そんな場所にとって、まず何より大切なのは、一人一人の在り方がそのまま尊重されることだと思います。東京シューレでは、学校のように一般的な横の年齢で区切られたりすることはありません。また教師対生徒というタテの関係性ではなく、人間対人間の対等な関係性を心がけています。年齢、性別、立場など学校社会では力関係が生まれがちな関係性をなるべくフラットにすることで、一人一人の気持ちや

ペースが大事にされる雰囲気が醸成されるのだと思います。

②やりたいことを応援する場所

　自分にとって安心して過ごせる居場所になっていくことによって「こんなことをしてみたいな」という気持ちが生まれることがあります。そんな時に、スタッフはまずその子の「やりたい」という気持ちを尊重します。そして、実現するにはどんなことが必要かなどを一緒に考え、応援します。その結果やりたいことが実現しなかったとしても、その子自身が納得し、受け入れることが大事だと思います。東京シューレの日常プログラムには、子どもたちの「やりたいこと」を1日かけて行う「いろいろタイム」（毎週木曜日）という時間があります。新年会、七夕、ハロウィン、クリスマスなど季節柄の行事もあれば、東京23区内鬼ごっこ、東京23区内ダーツの旅、巨大プリンづくり、などなど、オリジナリティあふれる企画も多く行っています。また、日常では実現しにくい長期間にわたるプロジェクトもこれまで数多く実現してきました。そのうちの一つである「シンガポールプロジェクト」は企画の提案から実現まで1年半ほどの期間を要しました。その間に、シンガポールの教育・歴史・文化・自然などを調べ学習したり、費用を少しでも自分たちでねん出するべくイベントで食べ物屋さんを出店するなどして、主体的に準備を進めました。すべての企画は、子どもたちがミーティングや実行委員会を通して、主体的に運営されています。こういった自分たちから出発する「やりたいこと」を実現しているときの子どもたちはエネルギーにあふれています。

③自分で決めること（自由）を大切に

　東京シューレでは、自分で決めること（自己決定）こそ、自己尊重であり、「自由」であると考えています。まだ社会では、「自由」はわがままだとか、自分勝手だとか、こと子どもに対しては否定的に捉えられがちですが、私たちはそうは考えません。ですので、シューレの中では様々な自己決定の機会があります。そもそも、シューレに入会するのかどうか、入会後どれくらいのペースでシューレに通うのか、シューレではどこで、誰と、どう過ごすのか、すべて一人一人の気持ちやペースが大切にされます。自分の自己決定（自由）が大切にされることによって、他者の自己決定（自由）も尊重し、大切にしようという気持ちになると思います。

④子どもたちで創る

　東京シューレでは、子どもたちが主役の場です。ですので、活動を通してどんなことをやりたいかということも、週1回のミーティングの場を通して提案され、実現していきます。もちろん中には議論の結果、取り下げられることもあります。ミーティングは、進行や記録も子どもたちが担います。ミーティングで議題になることは、やりたいことだけではなく、日常を共に過ごす中で困っていることも出されます。例えば、「音出しの時間」はよく出される困りごとの一つです。楽器やゲームなどを仲間たちと音を出しながらとことん楽しみたいという子どもたちと、そういった音が苦手で静かに過ごしたいと思う子どもたち、互いの「こうありたい」という自由が衝突する場面です。こういったときはそれぞれの気持ちや意見をみんなで共有しながら、互いに配慮することは前提の中で、音を出せる時間や場所をルールで決めることもあります。そしてうまくいかなかったときには、再度ミーティングで検討し、議論するというプロセスを何度も繰り返します。このプロセスを通して、子どもたちは自分と意見の違う他者と、同じ空間の中で互いの自由をどう大切にしながら過ごしていくか、という難しいテーマにとことん向き合い、深め合っていきます。

⑤違いを尊重する

　東京シューレでは、そもそも人は違って当たり前ということを大切にしています。だからこそ、一人一人が何かの尺度によって測られることなく、一人のかけがえのない存在としていることができるのだと思います。時には、自分の価値観と異なる人との出会いによって戸惑ったり、混乱することもありますが、だからといって一つの枠にはめようとするのではなく、互いの違いを大切にしながらどう共存していくのかを考える大切なきっかけとなります。

　本分科会のテーマである「子ども中心の場の創造力」にとって、ご紹介した5つの理念はどれも欠かすことのできないポイントだと思います。フリースクールは、毎日が新鮮で、試行錯誤の連続です。これからも子どもたちと様々な活動・学びを広げてきたいと思います。

2. 幼児・小学生の多様な学びの実践
〈実践シンポジウムのまとめ〉
若い命が生き生きと育つ

奥地圭子（東京シューレ）

このシンポジウムの位置づけ

　多様な学び実践研究フォーラムも7回を数えることになりましたが、不登校児童生徒の増加の著しい中、最も特徴的なのは、小学生の不登校の増加でした。これまで、思春期症ともいわれていた時期があるくらい中高生が多く、また、フリースクール活用者も中高生が多かったですが、ここ2〜3年、小学生、それも低学年の子を持つ若い父母達から、フリースクールやフリースペースへの問い合わせや、実際、説明会・見学会への子どもの参加が増えてきました。幼児の子を持つ保護者からも、幼稚園、保育園の不登園の相談がくるようにもなりました。

　そこで、フォーラムの全体会のシンポジウムは、基礎教育の段階である小学生や幼児時代に目を向け、多様な学びとの関係や幼小時代の学び育つ在り方について深めたいという主旨から、次の人達にシンポジストをお願いし、16時〜18時まで2時間のシンポジウムを行いました。

登壇者

永易江麻	（東京コミュニティスクール）
西村早栄子	（鳥取・智頭の森こそだち舎）
熊谷亜希子	（千葉・共育ステーション地球の家）
中川綾	（長野・大日向小学校／日本イエナプラン教育協会）※報告当時
今井睦子	（世田谷区ほっとスクール「希望丘」／東京シューレ）

すすめ方

　発表タイムとディスカッションタイムに分け、まず、発表タイムでは、各団体14分で成り立ちと活動紹介をしていただき、それを踏まえてディスカッションタイムでは、「小さい子たちと日々かかわりながら感じること」と「小さい子たちとおとなのかかわり方、場の発展上、課題は何か」の2点について、意見を全員に出していただきました。

幼児・小学生について特化してのフォーラム登場は初であり、また、今後広がっていく情勢であることを考えると、まず、多様な学びの実際がどう行われているか知りあうことをポイントにしたかったため、発表団体を5つに拡げました。

　さらに質疑応答・参加者感想の時間も、わずか15分程度であってもとりたいと考えました。その結果、1団体の発表や意見交換が短くなり、もっと聞きたい思いを残したと思われますが、関心をもったら直に連絡をとったりHPを見ていただいて、各自探求していただこうと考え、その設定となりました。

　5人の登壇者の発表は、資料でご覧いただけるため、ここでの紹介は避けます。
　しかし、共通して、大変おもしろく、ワクワクするような活動を日々つくり出されていること、共通に感じられたのは、①子どもが小さいからといっておとな主導でなく、子どもで決めていること、②子どもの個々の育ちを大事にしていること、③子どもの個性がとても伸びていることが伝わってきました。一人一人の主体性がこのように育っていくことは、その先の10代以降の人格形成にも、しっかりした土台になるだろうと感じました。

　続けて、5人のディスカッションタイムでは、コメントの出し合い、という感じになりましたが、遊びの重要さ、指導でなく、共感しあいつつやっていくこと、社会に出る練習ではなく、自分らしく育ってほしいこと、幸福度が低い日本の子ども達という課題があることなど、短時間に、たくさんの話が出されました。
　本当は、多様な学びで小学生たちと関わっている者同士が、具体的に、こういう点はどうしている、など意見交換できればもっとよかったと思いますが、欲張れないので、今後に回しました。

質疑

　質疑がとてもたくさん出されました。いくつか紹介します。
● 森の中での育ちは理想的だが、東京では難しい。自然が豊かでなくてもできる体験はないか。
● オルタナティブスクールから社会へ出る時、原則や理念への理解や考え方がためされることがあるがどう対応しているか。

- 教科書や一般学校で扱う内容も扱っているか。
- 経済的な理由で「多様な学び」を選べない状況についてどう考えるか、公費助成は必要ではないか。
- 小さい子の場合、多様な学びを選ぶ時、子ども本人の意思確認をどうしているか。
- 「多様な学び」で働くスタッフの採用はどう考えどう集めているのか。
- コロナ禍への工夫をどうしているか。
- 学校やSCからも多様な学び場の情報が得られるとよい。

　総じて、シンポジウム全体として小さい年齢の頃からの多様な学びの拡がりとそれへのニーズがあること、これからの時代、課題はあるけれど、可能性や新しい教育への期待が感じられ、楽しい2時間となりました。発表者・参加者の皆様、ありがとうございました。

1) 東京コミュニティスクールの活動から

永易江麻

　東京コミュニティスクール（以下TCS）は幼児・小学生を対象とした、東京・中野の全日制マイクロスクールである。現在、50名強の子どもたちが通っている。

■ WHY?東京コミュニティスクール設立にいたる背景・目的
学校教育への批判・学びの選択肢の不足
　開校した2004年当時、ゆとり教育への批判が高まっていた。現状の教育を批判するだけの風潮に、批判だけではなく教育の代替案を提案したいと設立されたのがTCSである。
　学校基本調査報告書によると、日本における国公立学校の占める割合が、高校では74%、中学では93%、そして小学校では99%。圧倒的に、日本における初等教育の選択肢は少ない。しかしながら我々は、初等教育は山の裾野のように生きる力の基盤を育む大切な時間であると考える。その初等教育において、子どもの個に応じた学びの選択肢がもっとあるべきではないか。
TCS設立の目的
　TCSでは、「自和自和（じわじわ）」という教育理念にあるように、自分らし

さを活かし、人や社会や自然との和(つながり)を楽しみ、ともに学び着実に成長できるような教育を目指し、未来の日本を担う子どもたちのための教育の代替案を提案すべく、活動している。

■ WHAT? 何を学ぶための学校なのか?

学校の役割

そもそも、学校の役割とは何なのか。学校に通う時間は、人生の中のほんのわずかである。学校にいる時間の中で、人生に必要な知識を全て学ぶことなんてできるはずがない。

ならば、学校で必要なことは、いかに多くの知識を獲得するか以上に、自ら学ぶことのできる力を獲得することだろう。TCSでは育みたい人材像として、「学び続ける人」「創造し続ける人」を掲げている。

TCSフレームワーク

「学び続ける人」「創造し続ける人」の育成を目指し、どのような考え方で、何をどのように学び、それをどのように評価し、どのような姿を目指しているのかということを表した全体像が「TCSフレームワーク」である。

学びの重要な要素として「概念」、「スキル」、「知性(探究領域・教科領域)」を設定し、学びを通して「愛・優しさ(Love)」、「調和・やりとり(Harmony)」、「自信・信頼(Confidence)」、「しなやかさ・たくましさ(Resilience)」、「主体性・責任感(Ownership)」、「遊び心・熱中する・面白がる(Playfulness)」という6つのスピリットを備えることを大きな目標としている。

子どもたちとはフレームワークを常に共有しており、スピリットを用いて互いを認め合うなど、日々のフィードバックに表れている。これは、スタッフ・子ども間だけでなく子ども同士でもよく見られる光景だ。

■ HOW? どのように学び・教育するのか?

TCSの学びにおいて、以下の6つの点を大切にしている。

探究

「テーマ学習」と呼ばれる探究する学びを開校当初より実践。人生のための学び(Learning for Life)という観点を重視し、教科融合型(transdisciplinary)で学ぶ。答えのない問いに対して、(スライドの)写真のようにディスカッションを重ねたりする中で、概念の獲得を目指した学びである。

原体験

　海・山・川・田んぼなど、自然の中での原体験を多く取り入れている。コロナ禍の影響で制約はあるものの、一回あたりの人数やフィールドを見直すことで、できるだけ学びの機会を失わないように心がけている。

個別化

　探究の学びなど皆で学ぶ機会がある一方、個人のペースに合わせてICTを活用した個別学習を実施。

少人数と異年齢

　朝の会は(スライドの)写真のように、全児童・スタッフが集合。また、一学年の定員を9名とし、複学年の学びを取り入れることで、1年生は上級生の姿から学んだり、二学年クラスでは高学年がリーダーシップを発揮できるなど、学びが大きいと実感している。少人数によって機動力を有し、すぐ外に出ていくこともできるし、体験も濃くなる。

協同による計画と評価

　全スタッフが全学年の児童と関われるような時間割構成にしている。また、プランニング会議や評価の会議は、スクールを休校日にして、スタッフ全員で、全クラス・全児童について話し合う。スタッフ全員が子どもを理解でき、教育の質担保に繋がる。

学びのコミュニティ

　子どもだけでなく、保護者やボランティア、スタッフの家族など、スクールに関わる全ての人が、TCSコミュニティの一員であるという考え。また、その道のプロフェッショナルを招いて「達人クラス」を行うなど、多様な人々が集い交わることは、子どもの学びにおいても、とても有効だと実感している。

　教育も学校もこれからの時代に向けて変わろうとしている。子どもが、そして保護者が、安心して多様な学びの選択肢から選ぶことのできる社会を実現するために、皆さんと共にその実現に向かっていきたい。

2）智頭の森こそだち舎の活動から
こどもが主役!〜自然を活かした学びの実践紹介〜

西村早栄子

　本発表では、当NPOの運営する『智頭町森のようちえんまるたんぼう』の実践を紹介した。『まるたんぼう』は2009年に中四国地方初の本格的な森のようちえんとして活動を開始し、現在は当NPOが運営する二つの森のようちえん（『まるたんぼう』と『すぎぼっくり』）に合計30名近くの園児が通っている。

　『まるたんぼう』開園は、学生時代に熱帯林の研究を行っていた私、西村が「日本の子育ては過保護ではないか」と危機感を感じ、わが子を山村の自然の中で逞しく育てたいと2006年に智頭町に移住したのがきっかけ。ここ智頭町での子育て環境があまりにも素晴らしかったので、こういう田舎でのびのび子育てをしたいご家族は必ずいるだろう、そういう家族に『田舎子育て』の素晴らしさを伝えるのにピッタリと、北欧発祥の『森のようちえん』を始めた。

　森のようちえんには大きく二つ特徴がある。一つは【園舎を持たず毎日森（自然）で活動する】という事。もう一つは【子どもの主体性を伸ばすために‘見守る保育（＝子どもの育ちを信じて待つ保育）’を行う】事である。さらに細かく特徴と目的をまとめると、①園舎がない＝‘森（自然）が育ちの場’、②日課がない＝体験から学ぶ。おとなは指導者ではなく‘共感者’であり‘観察者’、③玩具がない＝子どもたちの感性で自然物が玩具に、④育ちを信じて待つ＝おとなも子どもも育つ、ことが挙げられる。

　森のようちえんの特徴の一つ『見守る保育』であるが、具体的に、①禁止ワード：『危ない』『汚い』『だめ』『早く』…子どもたちを一方的に制止する言葉を使わない、②ポイント：『お口はチャック、手は後ろ、耳ダンボ』…上述の禁止ワードのみならず、「あそこにきれいなお花が咲いている」とか「あそこに鳥がいる」等、子どもたちの発見を先回りしておとなが言わないという事も含めて『お口はチャック』であり、子どもが転んだ時、上着のチャックがなかなか上がらないとき、おとなが手を出すのは簡単なことだが、ここをグッとこらえていると子ども同士が助け合ったり、自分で何とかして達成感を味わったりするので、簡単におとなが手を出さないという意味の『手は後ろ』であり、そうはいってもどこまで『見守るのか』が一番判断の難しい所なので『耳ダンボ』にして子どもが今なにを感じているかを観察し、介入のタイミングを計るということである。

スライドでは、文科省が制定している『幼児期に育みたい10の姿』を通して、森のようちえんの子どもたちの育ちの姿を紹介した【(1)健康な心と体(2)自立心(3)共同性(4)道徳性・規範意識の芽生え(5)社会生活との関わり(6)思考力の芽生え(7)自然との関わり・生命尊重(8)数量・図形・文字等への関心・感覚(9)言葉による伝え合い(10)豊かな感性と表現】。

　まとめると、森のようちえんとは、【森(自然)】で、子どもたちの【主体性】を、【信じて待つ】という保育で育む活動である。

　このような森のようちえんではどんな子どもたちが育っているのか。12年の実践の中で見られるのは、①忍耐力・集中力があり、②人懐っこく(他者への信頼感・社交性が育っている)、③仲間と助け合う力(協働性)が高く、④とにかく心身ともに逞しく、⑤自然を感じる力(観察力・創造力)があり、⑥自分の限界を知り(危機回避能力)、⑦なんでも自分でやろうとする力(自立心・解決力)があり、⑧高いコミュニケーション能力が見られる。

　また、森のようちえんの効果は、①子どもの健全育成のみならず、②子育て支援ともなり、③新しい森林の利活用に繋がり、④交流人口の増加となり、⑤地域振興として若い子育て世代の移住に繋がり、⑥少子化対策(子育ての満足した家庭が家族を増やす)ともなり、⑦次世代の育成(森で育った子は将来、森で子育てしに帰ってくる)にもつながる。

　このように、森のようちえんは関わるみんな(子ども・保護者・スタッフ・地域)を幸せにする取り組みである。

3) 共育ステーション地球の家の活動から

熊谷亜希子

　2013年に活動を開始した『共育ステーション地球の家』は、千葉県松戸市にある小さなオルタナティブスクールです。子どもと大人のための“共育空間”として、「学校外の多様な学び」を希望する親子をサポートしています。

共育の4つの意味
【1】子どももおとなも共に育ち合う
【2】異年齢の子どもたちが共に育ち合う

【3】インクルーシブ教育（健常児・障がい児ミックス）
【4】一人ではなく、みんなと共に育てる

設立背景

　代表（熊谷）は元・採用コンサルタントで、様々な業界の採用現場に携わっていました。そのときに「教育界が理想とする人間像と、経済界が求めている人間像のギャップの大きさ」を痛感し、また同時に「経済的な豊かさと人の幸福度はイコールではない」ということも感じていました。

　第1子出産直前に退職しましたが、出産後に強い孤独感を感じていました。その時の気持ちがきっかけとなり、2009年に育児相互支援コミュニティを立ち上げ約3年間活動しました。そしてその頃から、モンテッソーリ教育・デモクラティック教育といった「人間力を育む教育」「子どもの幸福度が高くなる教育」に興味を持ちはじめ、様々な書籍を読み漁る日々でした。

　また、2010年に知的障がい児を温かく育てる副代表（銭）との出逢いがあり、その後次のような想いでオルタナティブスクールの設立を決意しました。

○小学校以降も、子どもの自己選択・自己決定・自由・自己責任を軸とした教育環境がほしい。
○子どももおとなも支え合い励まし合う仲間が必要。
○障がいの有無を問わず、子ども一人一人が生まれ持つ才能を伸ばし、自分らしく成長していけるようにしたい。
○子どもの学び舎は1つの場所・施設だけではない。家庭・地域社会・自然などのすべてが子どもの学び舎となる。

　2011年に設立準備室を立ち上げ、想いに共感した5家族が集まり、2年かけて設立準備をしました。

設立～現在

　2013年4月に千葉県松戸市で教育活動を始めました。2013年～2018年までは、小学校に通っている子どももオルタナティブ教育を体験できるようにと、主に放課後の時間帯に活動を行っていました。

　2019年4月からは、不登園・不登校・ホームエデュケーション（家庭を拠点と

した教育)の子どもたちとその家族をつなぐ学び場「松戸まなビーバー」という活動名で、昼間の時間帯に活動することになりました。活動回数は、月3回・年間36回で、対象者は、幼稚園児〜中学3年生の子どもとその家族です。

　参加形態は、子どもコース・親子コース・おとなコースとありますが、親子コースの参加者が一番多いです。「子ども同士、保護者同士のご縁がつながる学び場」を目指して活動を始めましたが、その目的が達成できて嬉しく思っています。

　また、月謝制ではなく、単発参加制にしているのも一つのこだわりです。活動予定表を見て、子どもが「行きたい」と思ったプログラムにその都度申し込んでいただきます。月謝制にすると、子どもがあまり興味のないプログラムでも、親が「お金がもったいないから行きなさい」と言ってしまいがちなので、そのような状況を避けるために単発参加制にしています。

　それから、公教育の場合、家庭から学校へ支払うお金は平均すると月1万円程度となるので、「松戸まなビーバー」の参加費も、月1万円程度をイメージして設定しています。
　　○例：子どもコース　　1名3,000円×月3回＝9,000円
　　○親子コース　　1組3,000円（材料1セット）×月3回＝9,000円
　　　　　　　　　　1組4,000円（材料2セット）×月3回＝12,000円

　参加者数は、活動日ごとに異なります。2家族以上の申し込みで開催することになっており、多いときは10家族前後が集います。

活動内容
(1)食育……米粉、自然塩、粗糖、豆乳などの体に優しい食材が中心
(2)サイエンス……電極版実験、液体窒素実験、海水からの塩づくりなど
(3)手しごと……タイルコースター、ハーバリウム、糸かけ曼荼羅など
(4)フリープロジェクト……社会科見学、ハロウィン会、クリスマス会など

初めて参加する方へお伝えしていること
(1)松戸まなビーバーでは、子どもも、おとなも、おなじ「仲間」です。
(2)子どもも、おとなも、「気持ちよくすごせること」「楽しく学べること」を目標にしています。

(3)「自分がされたいことを人にする」「自分がされたくないことは人にしない」が松戸まなビーバーでの約束ごとです。

(4)松戸まなビーバーの中で、「パスしたい」「みているだけがいい」「つかれたから、はじっこでやすみたい」「それはやりたくない」「こまった」「てつだってほしい」……そんなことがあったら、スタッフにおしえてください。

(5)デジタルゲームは、自由時間(リラックスタイム)にすることができます。

　2020年4月からは、東京都葛飾区で『葛飾まなビーバー』の活動も開始しました。「葛飾まなビーバー」のリーダー(阿部)は、元・学校が大嫌いだった子ですが、当時は親に引きずられて登校していたそうです。行きたくないのに無理やり学校に行かされた自分のような体験をする子どもが減ることを願って、サードプレイス(学校でもない家庭でもない第三の居場所)づくりに励んでいます。

　ここ数年、不登校の子どもの低年齢化が話題となっていますが、「松戸まなビーバー」でも、「小学校／幼稚園に行きたくない」という低年齢の子どもとその保護者の参加が多いです。

　子どもたちの「学校／幼稚園に行きたくない」理由は様々です。例えば、人いちばい敏感な子(ハイリー・センシティブ・チャイルド)、発達障害の子、発達グレーゾーンの子、集団行動が苦手な子、学習のレベルが合わずに授業がつまらなくなる子(落ちこぼれ・吹きこぼれ)、自分の意志がはっきりしており先生の指示や教育システムに納得できない子、体調が不安定な子、学校での人間関係、などです。

　多様な教育の選択肢がまだまだ少ないこの日本ですが、公立学校、私立学校、フリースクール、オルタナティブスクール、ホームエデュケーションといった様々な教育選択肢を、ごく当たり前に、自由に選べる社会になりますように。

　そして、どの教育を選んだとしても、各家庭の経済的負担・人的負担に大きな差が生じないよう行政支援の早期実現を願っています。

4）大日向小学校〈イエナプラン〉の活動から
―独自のカリキュラムで学び育つ学校づくり

中川綾

　学校法人茂来学園・大日向小学校は、2019年4月に日本初のイエナプランスクールとして開校しました。校舎は、長野県佐久穂町で閉校となった公立小学

校の校舎を譲渡していただき活用することとなりましたので、地域の方々の理解をいただきながら準備を進めて参りました。イエナプランとはどのようなものなのか。どんな考えでどんな人たちが集まるのか。本当に人が集まるのか。そして、地域の子どもたちを公立学校から奪うことはないのか。などのいろいろな想いがあった中、慎重に誠実に向き合うことで少しずつ理解を得ただけでなく、前向きに協力してくださる方々の支えで実現に向かったと思っています。

　カリキュラムについては、事前に教職員全員で準備する時間が大変少なかったため、開校してからも試行錯誤はずっと続いています。学校とはそういうものだとは思いますが、「イエナプラン教育はオランダだからできるんだ」「私立だからできるんだ」という声に対して、「そうではないのだ」ということを証明するためにも、日本の学習指導要領に則ってイエナプランのコンセプトを実現するためにはどうしたら良いのか、ということをみんなでウンウン唸りながら進んでいるところです。

　地域に根差した学校を目指していますが、それもそんなに簡単なことではありません。大変ありがたいことに、新しい学校ができることについては受け入れていただいた感覚はありますが、まずはスタート地点に立っただけに過ぎず、やはり学校が始まってからの私たちの地域との関わり方が問われてくると感じています。

　その中、開校1年目から、ランチルームを活用した「大日向食堂」を運営し、子どもたちのお昼ごはん（給食）と同じメニューを一般の方々にも限定1日20食で提供し始めました。今年度はコロナの影響で提供はできていませんが、昨年度は地域の方々と子どもたちが自然と一緒におしゃべりしながらごはんを食べている姿が本当に微笑ましく嬉しいものでした。

　また運動会は、公立小学校が閉校になったことで失われた地域運動会を復活させることはできないか？　と考え、学校の運動会に地域の方々も参加していただけるような形にしました。事前の練習などがなくても、老若男女誰でも参加できるような競技を用意し、子どもたちと地域の方々が交流できるような場面が多く実現しました。競技への参加が自由に選択できるというところも、イエナプランらしさと地域で続いてきたイベントの趣旨とが融合したものになったと理解しています。

　学校をつくる、ということがこんなにも大変なことだったかと（想像の数十倍の大変さでした）思いつつ、今回のフォーラムで「学校をつくってきた」先輩

方のお話をお聞きしながら、「ああ、こうしてみんなぐっと力を出し切ってやってきたんだな」と感じることができた時間となりました。ありがとうございました。

5）世田谷区ほっとスクール「希望丘」の活動から

今井睦子

　ほっとスクール「希望丘」は、2019年2月1日にオープンした、世田谷区内3箇所目の教育支援センター（適応指導教室）です。ほかの2箇所は、教育委員会の直営ですが、「希望丘」は、教育機会確保法に基づく「基本指針」を踏まえ、ほっとスクールのさらなる充実を図るため、運営業務を民間団体等へ委託することや、学校復帰のみにこだわらず不登校児童・生徒の社会的自立支援を行うという運営方針を掲げ、プロポーザル方式で公募が行われました。我々東京シューレは、世田谷区のHPで公募の存在を知り、東京シューレのやり方で運営する方法を提案し、選んでいただきました。

　ほっとスクール「希望丘」は、中学校跡地を増改築して作った複合施設内にあります。体育館や、青少年交流センターなどが併設されており、574.58㎡と広くて綺麗で、とても充実した環境の中で過ごすことができています。区内在住のお子さんであれば、私立学校に在籍しているお子さんでも、無料で利用することができます。2020年9月1日段階では、小学生33名、中学生42名が在籍しています。スタッフは、常勤スタッフ7名、スーパーバイザーや、非常勤・ボランティアスタッフで、子どもや保護者への不登校支援にあたっています。

　開室しているのは、世田谷区立の学校の開校日に準じ、平日月〜金の9:30〜15:00です。また、保護者の皆様とは、お子さんが在籍しているか否かにかかわらず、月1回程度、「保護者のつどい」として、保護者同士がつながり、お互いの経験から学びあう会も開催しております。

　ほっとスクール「希望丘」では、東京シューレと同様に、以下の「5つのこと」を大切にしながら運営をしています。

①ほっとできる居場所であること
②やりたいことを応援すること
③自分で決めることを大切にすること

④子どもたちで創ること

⑤違いを尊重すること

　これら5つのことを大切にしながら、ほっとスクールでも、約1年半の間に、いろいろな活動が生まれました。

　子どもで創る「ミーティング」は、子ども達が落ち着いて誰かの話を聞いたり、自分の意見を伝えたりできる環境になるまでは、少し時間がかかりました。最初は、落ち着いて座って誰かの話を聞くことが難しい子どもたちが多かったのですが、気がつくと、いつの間にかミーティングの形が出来上がってきた…という印象で、何が功を奏したのか、明確ではありません。しかし、帰りの会や小グループでのミーティングを取り入れたことで、小集団で仲間のことを知り、想いを伝えあい、やりたいことを形にする経験の積み重ねができた結果、ミーティングの土壌ができていったように感じています。

　ほっとスクールでは、丸1日かけて、企画・実行する「いろいろイベントデー（略して「いろんとデー」）」という、いわゆる「プロジェクト学習」を行っています。迷路お化け屋敷、ハロウィンやクリスマス会、周年祭では、実行委員会が立ち上がり、当日までに、プログラムを考え、予算内で様々な準備を行いました。（予算は参加費を設定するところから考え始めます。）

　ほっとスクール「希望丘」をスタートして半年くらい経った頃、この「いろんとデー」などの体験的な活動を通して、子ども達がどんな力を育んでいるかを、スタッフで整理し、以下のようにまとめたところ、実に多様な学びを深めていることに気づきました。

◆相手の話に耳を傾け、自分の意見を伝え、折り合いをつけながら話をまとめる…「理解力」「表現力」

◆プログラム・シナリオ・告知物などを書いて伝える…「読み書き・表現力」

◆予算内で材料を購入する…「計算力」

◆仲間で協力し合う…「人間性」

◆他の人のやり方を見て研究する…「学びに向かう力」

　いろんとデー以外にも、子どもたちは「学びタイム」で教科の枠を超えて横断的に学んだり、「科学」で実験や解剖、時には宇宙の始まりの話など、自分

たちの知識をぶつけあったり、同じ建物内の体育館で「スポーツ」をしたり、予算内で材料を買いに行くところから始まる「料理講座」でおいしい料理を作って食べたりしています。進路づくりの「シリーズ人間」や「15(いちご)ミーティング」で将来なりたい自分について考える時間もあります。ただし、講座に出るか出ないか何をして過ごすかは、子ども達自身で決めることを尊重しています。

　以上、ほっとスクール「希望丘」は、フリースクール東京シューレのやり方・考え方をもとに、運営しています。二つの違いは、公費(無料)で利用できることと、近所(区内の施設)であることです。

　私は、特に、年齢の小さな子どもにとって、多様な学びを選ぶうえで、金銭的にも通う距離的にも「安心できる」ことが、重要な要素ではないかと考えます。子どもたちがキラキラ輝きながら学びを深める「学校以外の居場所」を選択できるよう、ほっとスクール「希望丘」が全国のモデルとなるべく、今後も日々精進してまいりたいと思います。

第 IV 部

多様な学びを
支える仕組みを創る

1. 多様な学び活動と評価（認証）システムの在り方

「フリースクール等民間団体の自己評価と相互評価／第三者評価」 に関する研究の概要

加瀬進（東京学芸大学）

■はじめに

　本研究は「義務教育の段階における普通教育に関する教育の機会の確保等に関する基本指針（平成29年3月31日　文部科学省）に基づき、不登校を中心に子どもの多様な学びを保障しようとするフリースクール等民間団体が、この指針を十全に体現することを明示する方法、明示された内容を客観的に評価する仕組み、仕組みを維持する体制を明らかにすることを目的としたものである。

　本論に先立って、今少し研究の背景を概観しておきたい。

　教育機会確保法の第十三条（学校以外の場における学習活動等を行う不登校児童生徒に対する支援）では「国及び地方公共団体は、不登校児童生徒が学校以外の場において行う多様で適切な学習活動の重要性に鑑み、個々の不登校児童生徒の休養の必要性を踏まえ、当該不登校児童生徒の状況に応じた学習活動が行われることとなるよう、当該不登校児童生徒及びその保護者（学校教育法第十六条に規定する保護者をいう。）に対する必要な情報の提供、助言その他の支援を行うために必要な措置を講ずるものとする」というように「必要な情報の提供」が規定されている。これに呼応するように『不登校児童生徒による学校以外の場での学習等に対する支援の充実〜個々の児童生徒の状況に応じた環境づくり〜報告、平成29（2017）年2月13日、フリースクール等に関する検討会議』では「民間の団体等は、調査結果の通り偏在しており、存在していない地域も多い。また、地域に民間の団体等がある場合においても、保護者や地域住民にその存在があまり認知されていなかったり、個々の児童生徒にとって適切な支援の場となっているかを判断する情報が乏しかったりする場合が少なくない。その背景の一つとしては、民間の団体等の状況を学校や教育委員会が十分把握していないこと等から、民間の団体等についての情報提供が必ずしも行われていないことが考えられる」と指摘されている。そしてその「適切性」判断にあたっては、いわゆる「民間施設についてのガイドライン」を参考にするようにという通知

がなされているが（「不登校児童生徒への支援の在り方について（通知）」令和元年10月25日文科初第698号）、このガイドラインの在りようや、それを踏まえたうえでの、フリースクール等民間団体の特長をわかりやすく明示し、なおかつ客観性を有した情報開示の仕方は十分に検討されてこなかったという状況がある。

　そこで文部科学省の受託研究というかたちで進めてきた「フリースクール等民間団体の自己評価と相互評価／第三者評価」に関する研究」の概要をここに共有し、「自己評価と相互評価／第三者評価」に基づく情報開示の在り方について、更なる議論、実践の展開を推進する契機にしたいと考えた次第である。

　方法としては学校以外の多様な学びの場の実践者や研究者に対するグループインタビューを複数回行い、その分析結果と過去2年間の研究を総合的に検討した。詳細は2019年度（令和元年）報告書に譲るとして（http://www.we-collaboration.com/mt/post-1.html）、以下「「評価」の基本的視点」「自己評価シート」「相互評価／第三者評価」「評価機構と相互評価／第三者評価の実施フロー」「評価機構の運営類型」について提言する。

■「評価」の基本的視点

　1.「基本指針」を踏まえた「評価」は「児童生徒が行う多様な学習活動の実情はどのようなものか」を把握したうえで、次の視点から行われなくてはならない。

①児童生徒の最善の利益を最優先に支援を行うことができているか。
②個々の児童生徒の状況に応じた必要な支援が行われているか。
③その支援には、児童生徒や保護者の意思が十分に反映されているか。
④児童生徒が自らの進路を主体的に捉えることができているか。

　2.その根底には「子どもの権利条約」が謳う具体的な権利保障が据えられなくてはならない。即ち、子どもは「社会において個人として生活するため十分な準備が整えられるべきであり、かつ、国際連合憲章において宣明された理想の精神並びに特に平和、尊厳、寛容、自由、平等及び連帯の精神に従って育てられるべきである」という理念に基づき、社会を構成する「学校」において「個人として学習し、生活するための十分な準備」を整わなかったがゆえに、様々な困難のうちにおかれてきた子どもに対する支援の「評価」であることを確認する。

3.「権利の保障」を「評価」するにあたっては、フリースクール等であるか否かにかかわらず、いわゆる業績評価の考え方（仕事の成果を設定された基準に照らして評価すること）はそぐわず、「プロセス評価」の考え方（仕事の成果に至るまでの“過程”（プロセス）に着目し、そこにどのような価値が存在したかという視点から判断する）がふさわしい。

■自己評価シート

1.「自己評価シート」は上述の基本的視点にたって考案されたものである。12の基本項目は以下の通りであるが、特に③〜⑤で「児童生徒が行う多様な学習活動の実情はどのようなものか」を明示しながら、⑦「研修や評価」と⑫「活動等の課題と改善方針」がこれを受けて、プロセス評価を可能にする構造となっている。また、⑧において児童生徒や保護者の意思の反映を、⑥において進路を明示することで「評価」の基本的視点の③と④にそれぞれ対応するようになっている。以上の自己評価を踏まえ、これを相互評価／第三者評価にかけることでその信憑性を問うという一連の「評価」作業に位置付けられるものである。

2.自己評価シートの項目
①団体の概要（フェイスシート）
②活動の概要（受入れ対象と条件、運営形態、開所日数と時間、子ども人数、スタッフの概況、HP等で公開している情報、活動内容）
③団体・スクールの理念、学びや活動の特長
④この3年間で重点的に取組んできた方針とその背景（子どもの状況やニーズ）
⑤この3年間で成果のあった特長的な取組事例（3事例まで）
⑥子どもの進路
⑦子どもの学びや活動、団体・組織の向上のための取組み（研修や評価など）
⑧組織・運営（子ども、スタッフ、保護者の参加・参画の仕組み、その取組と成果）
⑨安全面で実施・配慮していること
⑩子どもやスタッフの人権を守るために実施・配慮していることについて
⑪学校・行政・地域・団体・NPO・企業等との連携
⑫理念の実現、特長を活かした学び・活動の発展に関する課題と改善方針

■相互評価／第三者評価

1.相互評価／第三者評価の相克、即ち「FS等が相互に連携協力し相互に評価し合うことによる活動の充実」を志向する《相互評価重視》というスタンスと、社会的認知を志向する《第三者評価重視》というスタンスの相克について、本研究では次のように捉えなおす。

「評価するチームをフリースクール等当事者と学識経験者等の第三者で構成した場合、評価を受けるフリースクール等当事者と評価チームを構成するフリースクール等当事者同士の関係性に注目すれば相互評価となり、第三者が加わっていることに注目すれば第三者評価となる。この理解のしかたを「評価システムの基本構造」とする」。

2.相互評価／第三者評価の基準については、次の通りとする。

相互評価／第三者評価は、各団体・スクールがそれぞれの理念を明確にするとともに、その理念に応じた活動を主体的に行い、子どもや保護者のニーズ、地域の状況を受けて、その活動や運営をよりよいものにするという努力を継続的に行うことに資することを目的としています。

このため、評価といっても、画一的な基準により各団体・スクール間の優劣を判定したり差別化したりするものではなく、各団体それぞれが子どもの権利条約を基にその理念・特長にそって継続的に活動を進めていることを確認・評価することとしています。

さらに、評価活動を通じて、各団体・スクールどうしが互いに実践について学び合うことも目的としています。

1.理念・特長
(1)団体・スクールの理念・特長は、明確になっていますか
(2)理念・特長は、団体・スクールでどのように共有していますか

2.活動・取組
(1)理念・特長に応じた活動や取組がなされましたか

(2)以下の観点から、一人一人の状況に応じて柔軟な活動ができましたか

①個性や特徴、個別性に応じた学びや活動

②基礎的な学力の習得

③体験的な学びや活動

④子どもの協同的な学びや活動

⑤その他

(3)子どもに関わる活動の内容や方法に関し、その活動や取組をより良いものにするため、最近において(この数年間で)、①現状をどのように評価し、②どのように目標を設定し、どのように変えてきましたか(活動実践における小さな工夫など)

(4)上記(3)のように変えたことで、どのような効果がありましたか(その効果は、どのような事実から効果があったと判断しますか)

(5)その活動や取組をさらに良いものにするため、今後どのようにするつもりですか

※上記2(2)〜(5)が評価の中心です。「活動や取組」は、複数の「活動や取組」を挙げることも可とします。

3. 運営

以下の取組に関し、それぞれどのように機能していますか

(1)子どもの意見反映

(2)保護者・スタッフなどの意見反映

(3)安全面の配慮

(4)子どもやスタッフの人権の確保のための配慮

(5)地域などとの連携

■評価機構と相互評価/第三者評価の実施フロー

1. 評価機構の運営類型のうち、【大学コンソーシアムの構想】を例にした実施フローが次のものである。ここでは評価機構を10大学運営委員会、事務局、評価委員会、アドバイザー、評価チーム、評価協力者から構成される合議体として想定している。

①10大学から選出された運営委員は事務局が受け付けたフリースクールからの評価依頼(自己評価シートの提出)を定期的な運営委員会で受理し、評価委員会を立

ち上げる。

②評価委員会は大学から選出された評価委員（運営委員が兼務も可）と当事者団体からなり（ここでは各々10名程度を想定）、評価チームの構成と評価結果の受理・作成を行う。

③なお、ここでいうアドバイザーは評価委員会が評価結果を作成する際に必要に応じて出席を求める有識者という理解である。

④そして評価チームは評価委員会のメンバーである大学教員1名、当事者団体スタッフ1名、及びあらかじめ依頼し了解を得られた評価協力者数名から構成され、上述した「評価システムの基本構造」の考え方のもとで評価作業を行う。

⑤実際の評価のフローは図中に記した①から⑦となる。

⑥自己評価が取組の改善に着目するものであることから（プロセス評価）、相互評価／第三者評価の頻度は3〜4年に一度程度とする。

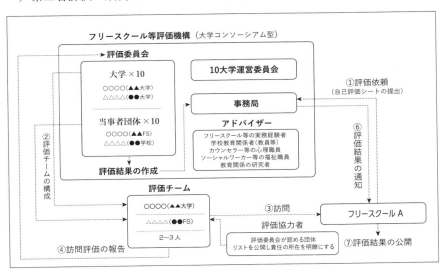

■評価機構の運営類型

　本研究で検討した運営類型には次のような長所短所がある。今後はこの点を踏まえながら、小規模にカスタマイズした評価機構を組織して取り組むことによる実績づくりや（各地で設立され始めたフリースクール等のネットワーク活用型や大学間有志によるコンソーシアム試行型など）、一部で開始された公民連携の取り組みの中に「評価の基本構造」や「評価機構」の仕組みを埋め込む等を各地

のフリースクール等民間団体が公的セクターと協同して行う必要である。いずれにせよ、「基本指針」にもとづきながら子どもの多様な学びを充実させていくことに責務をもつフリースクール等民間団体当事者、国及び地方自治体、子どもの権利に関わる研究に取り組む者などが、本人と保護者、さまざまな支援者とともに主体的に取り組まなくてはならない。

①大学コンソーシアム型

第三者性を担保する人材登用のプールがある、全国を複数のブロックに分けた上での面的整備を展望することができる、多様な学びを支えるスタッフ養成や研修体制の整備が期待できる、といった利点がある。一方、フリースクール等の研究者が必要十分にいるとは言えず、現実的に評価委員会を構成できるのかといった問題や、昨今の大学改革の流れの中で、新たなアクションを起こす力を大学／大学教員が失いつつある現状を認識する必要がある。

②国及び地方自治体類型

業績評価型への傾斜、FS等の活動の多様性を抑制する可能性があるのではないか、という懸念が表明される傾向があるが、パートナーシップを大切にしつつ本研究で提言する「自己評価、相互評価／第三者評価」の理念・実践・しくみづくりを進めることで、地域特性にあった、持続可能な「評価」システムを構築しうるという理解に立つ必要がある。

③学会類型

新たな学会立ち上げについては、具体的なひと・もの・ことの調達をどうするか、設立準備会をどのような母体にするか、という議論が優先するが、学会類型には「日本自然保育学会」の例にみられるように、「評価」を含む「多様な学び」を深めていく研究という側面を担う利点がある。

2. 多様な学びの場と家庭を応援する基盤をつくる
―中間支援・推進センターの構想―

佐藤雅史（日本シュタイナー学校協会）

■はじめに

　多様な教育を社会に位置づけるために、中間支援組織は重要な役割を果たしていくと思われるが、それとともに、特定の理念を共有する学校間の支援組織が並行して機能していくことが重要だと私は考えている。

　ヴァルドルフ／シュタイナー教育だけでなく、イエナプラン、サドベリー、モンテッソーリ等々の多様な学びが日本にも広がってきている。それらの内容や運営形態自体、多様性に富むものである。今後、多様な学びを支援するための中間支援組織が創設され、自己評価・相互評価などの仕組みができたとき、その評価や規範がこれらの多様な学びの特色を弱めてしまわないよう調整する仕組みが学校間支援組織である。

　たとえば、シュタイナー教育には以下のような特色がある。

- 思春期前の子どもの主体性を測る尺度を、自発的な行動の度合いにではなく、内発性の度合いに置く。座学による一斉授業においても、高度に内発的な経験を引き出せるように教育条件を整えることで、総合的で深い主体的な学びを実現している。
- 判断力の形成ステージを思春期以降に置くことが健全な発達につながるという考えから、その時期より前に思弁的な議論や決定を行う機会は極力つくらない。
- 中学生までは原則として電子メディアから距離を置き、代わりに、オーラルコミュニケーションを通じてイメージを想起する力を養う。言葉からイメージを想起する能力が、倫理的な資質の基盤をつくると考えられている。

　以上のような特色を客観的な評価で測ることは容易ではないが、この教育の学びの重要な柱となっている。もしもこれらを考慮せずに、「低学年の子どもたちにもディスカッションを行わせているか」、「子どもたちが学びを自ら選択しているか」等のような、子どもたちの自己決定や主体性を形式的に評価の軸に置くならば、シュタイナー教育の初等教育・中等教育は正しく評価されない

ことになる。参考までに触れると、この教育には以下のような特徴もあり、いずれも教育的に熟考された上で取り組まれているものである（初等中等教育の段階）。

- クラス担任が8年間持ち上がることが一般的
- 試験は行わない、序列をつくらない
- 教科書は使わず、板書と物語によって授業を展開する
- 超越的なもの、崇高なものへの畏怖や感謝をモチーフにした詩を唱えるなど、宗教性をタブー視しない

　教育の多様性が制度として確立している国においても、オルタナティブな学校間の質保証の基準とシュタイナー教育の特色がかみ合わずに、学びに制限を受けたり、教員が萎縮してしまったりする事例が出てきている。

　個別の学校との間に一定の距離を置いて、客観的な評価と共通の規範に基づいて支援の仕組みをつくっていくのが中間支援組織の役割であるならば、その間で緩衝帯の役割を担うのが共通の理念や立場で結びついた学校・団体間の相互支援組織だと言えるだろう。両者が協力して評価方法の検討を行ったり、相互支援組織が独自に設けた評価を併用する仕組みを整えたりすることで、それぞれの特色を極力損なうことなく支援につなげられるようにしていくことが重要である。

　ここで、日本における相互支援組織の事例として、日本シュタイナー学校協会を取り上げ、その成り立ちを俯瞰してみたい。幼児教育の領域にも長く活動を続けている日本シュタイナー幼児教育協会があるが、今回は学校協会に焦点を絞る。

■日本シュタイナー学校協会の成り立ち

　日本シュタイナー学校協会は2013年8月に設立された。それ以前には、全国のシュタイナー学校の教員が集い研鑽し合う年1回の「全国ヴァルドルフ教育者の集い」、運営者が情報交換や相互訪問を行う全国シュタイナー学校運営者連絡会があったが、どちらも教育者や運営者の自主的な活動であった。そこに東日本大震災の原発過酷事故が起こり、より緊密な学校間の協力が必要になった。また、教育の多様性に向けた社会的な動きが活発化し、共同の意思決定を行ってその動きに関わっていく必要性も高まった。このような出来事に促され、

学校間の公式な協議・決議機関をもつ日本シュタイナー学校協会を設立するに至ったのである。

　以下は、日本シュタイナー学校協会の現時点の概要である。会員は学校単位の正会員と専門領域の活動を担う専門会員(個人)から構成される。

【正会員:7校】
- 北海道シュタイナー学園いずみの学校(学校法人)
- 東京賢治シュタイナー学校(特定非営利活動法人)
- シュタイナー学園(学校法人)
- 横浜シュタイナー学園(特定非営利活動法人)
- 愛知シュタイナー学園(認定特定非営利活動法人)
- 京田辺シュタイナー学校(特定非営利活動法人)
- 福岡シュタイナー学園(特定非営利活動法人)

【専門会員:4名】
- 海外担当コーディネーター
- 国内担当コーディネーター／教員養成担当
- 領域横断コーディネーター
- ヴァルドルフ100コーディネーター

　7校の会員校のうち2校は学校法人格を取得しており、5校はNPO法人を運営母体としている。このように運営基盤の異なる学校が共通の理念の下に協働するのは、珍しいことかもしれない。各校からは、教員と運営者数名が協会活動の担当者として運営に関わっている。決議が必要な事案においては、各校が2票(教員1、運営者1)ずつ議決権を行使することができる。専門会員も1票ずつ議決権を保有する。

　正会員校になるためには、いくつかの条件が定められている。
- シュタイナー教育の教員養成を修了した教員が2名以上いるか、日本シュタイナー学校協会会員校2校以上の推薦を得た学校であること。
- 教員と保護者が共同で学校運営の責任を担っている学校であること。
- 加盟を希望する学校の教員が1名以上3年連続で「全国ヴァルドルフ教育者の集い」に参加し、その研修内容が当該校の教員会に共有されている実績を持つ学校で

あること。

※公式サイトより：**https://waldorf.jp/about/registration/**

　このような入会条件は、それ自体が質保証の仕組みとなっている。しかしこのように入会条件を厳しく設定したため、草創期の学校を仲間に迎え、その成長を支えていくための仕組みをどのようにつくるかが課題となっている。現状では、該当する学校の近隣の会員校が担当となり、定期的な活動状況のヒアリングや、相談対応、研修機会の提供を行っており、これもまた質保証の一環をなしている。

　上記の正会員以外に専門会員が重要な役割を担っている。正会員が学校単位であるのに対し、専門会員は専門領域をもつ個人である。

　海外担当コーディネーターは、シュタイナー教育が国際的な教育運動の性格をもつために設けられた役職で、教員経験者が担当している。後述する国際的な共通指針の策定や国際教員養成事業などとの連携を担うとともに、年1、2回、世界中のシュタイナー教育者が集まる国際ヴァルドルフ教育フォーラムに出席している。

　国内担当コーディネーターは、会員校への運営面の助言を行い、法制度的な動きをリサーチして必要な対社会的アクションへの提言を行うなど、幅広い領域を担っている。また、教員養成についても助言やリサーチを行っている。

　領域横断コーディネーターは、上記に収まらない専門的な知見を提供する。最近では、イギリスで起こった行政による何校かのシュタイナー学校の閉鎖の背景について調査報告を行った。国内担当と領域横断の担当は、いずれも学識経験者にお願いしている。

　ヴァルドルフ100コーディネーターは、シュタイナー教育100周年事業をとりまとめるために、期限付きで設けられたポストである。

　以上のほかに、3名（本年度後半からは4名）の有給パートタイム事務スタッフが、各校の担当者と連携しながら課題のとりまとめや予算案の作成を担当している。

　このような構成員が、メーリングリストや電話で連絡を取り合い、年に1回から2回、定期会合をもっている。定期会合は、協会の活動や課題について話し合い、決議を行う場であると同時に、全国の教員や運営者が交流し、この教育運動を担う共同体の一員であることを実感する場を提供している。この会合とあわせて、全国の教員の交流と研修の場である「全国ヴァルドルフ教育者の

集い」が併催されることが多い。これらもまた、教育面、運営面の質向上につながる重要な事業となっている。

　アジア・ヴァルドルフ教員会議(2015年)や100周年記念事業(2019年)のような単発の事業を別にすれば、現時点でもっとも大きな協会の事業は2018年に始まった連携型教員養成講座である。

　この教員養成は、各校や団体で取り組まれてきた教員養成を横断的に単位認定し、充分な学びの機会を確保した上で、ホームベース校による相談や、実習の受け入れを行うことで、実践力のある人材の育成を行うことを目指している。学校協会単独で運営する教員養成コースはまだできていないが、各校の教員養成を連携させる取り組みを通じて、教員の資質や教育の必須要素について会員校が共通の基準を検討し合い、取り決めていく場が創出されたことが大きな収穫であった。

　以上が日本シュタイナー学校協会の概要である。このような場を運営していくためには、当然のことながら相応の資金が必要である。現在は、各校の児童生徒数に比例した負担金を主な原資としている。それを定める規約や収支報告は公式サイトに公開している。

■まとめ

　以上の活動から導かれる最も大きな成果は何であろうか。それは、個々の学校の教員や運営者が相互に交流し、情報交換や議論を行い、研修し、共同の事業に取り組むことで、教員の資質向上とともに、よりよい運営スタイルを育んでいけることにある。それらの成果は学校総体としての質の向上に直結するからだ。

　では、このような「質」を評価するための基準をどこに求めたらよいのだろうか。それは、各校が連携する連携型教員養成の取り組みのなかで見いだされた「基準」であり、国際ヴァルドルフ教育フォーラムで策定された「指針」である。

　全国共通の資格を認定する教員養成を構築するためには、修了に必要な必須教科一覧と単位表が必要となる。その一覧をつくる作業は、日本の現場で働く上で習得していなければならない最低限の知識や技能・資質の基準を定めることに他ならない。実習を伴う最終段階の審査基準づくりも同様である。全国7校の教員チームが共同作業を通じてこれらを策定したことは、とても貴重な経

験であった。そのプロセスを通じて、ヴァルドルフの教員に必要な資質について学校間で議論しあえる基盤が形成されたからである。

　国際ヴァルドルフフォーラムが策定した指針「ヴァルドルフ教育の基本的特徴」も、シュタイナー教育の評価を考える上で重要な指針となるものだ。シュタイナー教育は、世界中に60カ国1,000校以上の学校、1,800園以上の幼稚園の広がりをもつ。自発的な草の根の活動から広がっていくシュタイナー教育は、その地域の民族・宗教・政治的背景などの違いによる文化的な多様性をもち、個々の学校や施設毎の個性も豊かである。豊かであるが故に、「何をもってヴァルドルフ／シュタイナー教育と呼ぶことができるのか？」、という問いも生まれる。その問いに対して、様々な国の教育者が合意できるイメージが検討されてきたのである。

※「ヴァルドルフ教育の基本的特徴」：**https://waldorf.jp/resource/key-characteristics/**

　この指針は、「互いにつながりをもつこと」という項で始められている。自らを閉ざしてはならず、絶えず相互に交流し、周囲の社会ともつながって公の生活に参加することがこの教育の本質だと謳われている。日本シュタイナー学校協会に求められる役割とは、つながり、開いていくことが学校の健全性の担保となるというこの認識に立ち、その認識を常に新たに刷新していく場を提供することだろう。おそらくそれは、あらゆるオルタナティブな学びに共通するテーマではないだろうか。

3. 公民連携・地域ネットワークの可能性

1) 千葉県フリースクール等ネットワーク（CFN）の活動から

前北海（千葉県フリースクール等ネットワーク）

　千葉県フリースクール等ネットワーク（CFN）とは、教育機会確保法が成立後に千葉県内にて法の趣旨に基づいた取り組みがなされるように、千葉県教育委員会と連携をするために作った団体である。フリースクールだけではなく親の会やホームエデュケーション団体やオルタナティブスクールなど17団体がつながっている。定期的な活動として千葉県教育委員会児童生徒課との懇談や、千葉県内の不登校支援を行う教員向けに不登校のフリースクール等の情報を提供している。最大の特徴は県の議会に働きかけ「千葉県議会フリースクール等教育機会確保議員連盟」の創立を要望し、超党派の54名の会員を有する議連と連携を行っている。

　ではなぜ地域ネットワークを作ったのか、その理由は、教育機会確保法の成立を見届けてきたが成立までにシステムの部分が抜け、最終的に理念法のような形で決着し、具体的な支援が進まなかったからである。この法律を活かすには地域の取り組みが必要と考え、独自に支援を引き出す必要があった。そして、県との交渉を続けていくと行政の特性として1団体と交渉をしないということが見えてきた。そのため県内でグルーピングをして交渉に臨む必要があった。行政との連携では、課題の共有がまず必要であり、それぞれの団体の課題を集め共有し、課題の一般化を図り交渉を進めていくために地域ネットワークを立ち上げた。

　千葉県議会フリースクール等教育機会確保議員連盟をもう少し詳しく説明する。教育機会確保法を受けて、千葉県内での支援の在り方を考える議員連盟である。また、地方議会での議連設立は全国初になる先駆的取り組みである。所属議員は54名で超党派によって構成されている。自然発生的に議連ができたのではなくCFNの粘り強い要請によって実現したものである。

　ではなぜ県レベルの議連をお願いしたかというと、千葉県ではまだフリースクールが少なく、市町村ベースでの交渉を作りだすのが難しかったからである。またフリースクールの会員は一つの市町村だけから集まるのではなく、広域か

ら通ってくるため越境の観点から県ベースでの連携を作る必要があった。現在議連との連携は進んでおり、条例化に向けて議連内にプロジェクトチームが作られ検討が進められている。しかし、新型コロナウイルスの影響で今までの価値観や、県の財政の状況悪化等の変化が起こり、これまで積み上げてきた検討を大きく見直さなければいけない現状になっている。

議連は国の動向をかなり注視しており、教育機会確保法の改正を気にしている。県の条例として、国の法律以上のことは県民の理解を得るためには難しく、法律を改正する動きとともに、条例化を進め不登校支援を進めていく想定をしているからである。条例化にむけて、財政支援が期待されるが、議連側からフリースクール側に向けて、公的資金を入れる際の一定の基準の必要性を投げかけられている。フリースクール等の、多様な学びを守るためにCFNでは国の研究で行った相互評価を取り入れていくことを独自で進めている。

地域ネットワークにかかる期待は大きい。変化を待つのではなく、市民側からの提案によって地域を動かしていく時代になっている。地方行政と交渉できる力を、民間ベースで"今"作っていく必要がある。

2）栃木県若年者支援機構の活動から
―高根沢・町営フリースペースひよこの家の活動を中心に

中野謙作

25年前に栃木県にきてまず学習塾を開いた。そこで出会った中学生の男子と女子生徒の支援がきっかけで以降、子ども若者支援を歩き続けている。今から10年前に一般社団法人栃木県若年者支援機構を設立し、現在に至っている。まず、栃木県若年者支援機構の活動内容を紹介する。

一般社団法人栃木県若年者支援機構の活動について

「相談支援」では栃木県から受託している栃木県子ども若者・ひきこもり総合相談センター、通称ポラリスとちぎ」を運営して今年で7年目になる。また、とちぎ若者サポートステーションは今年で13年目になる。

「学習支援」では、自主事業の寺子屋という学習支援で教える人も先生も無料でやっている寺子屋が県内で9カ所まで広がってきた。発達障害の学習塾ANDANTEは、早稲田大学の梅永雄二教授にご協力いただいた発達障害の塾

である。これは有料で運営している。国の「生活困窮者自立支援法」の学習支援事業は栃木県、宇都宮市、そして隣の茨城県結城市から受託して総勢約300人の子どもたちの学習支援をしている。

「居場所支援」では昭和こども食堂を始め、3年前に一軒家を借りて「キッズハウス・いろどり」という居場所を運営している。

「就労支援」では法人開設当初から中間的就労訓練「しごとや」を始め、県内の企業や農家と連携している。3年前からは、「てしごとや」という内職や庭仕事のような就労訓練も始まっている。相談支援という入り口から入ってくる相談を「食べる」「学ぶ」「働く」という3つの自主事業をもとに最終的に「就労」「進学」につなげる総合的支援の形態がこの10年で構築できた。

高根沢町フリースペースひよこの家の始まり

高根沢町というのは栃木県の県庁所在地である宇都宮市の北東に隣接する人口約3万人の小さな町だ。今から18年前に当時の高根沢町の町長である高橋克法さんにお会いした時のことは鮮明に記憶に残っている。当時、不登校支援のNPOを立ち上げていたこともあり、不登校の話題になると、高橋さんが言った。

「何かしらの理由で学校に行けなくなった子ども達は学ぶ権利、遊ぶ権利、生きる権利を失われている。彼らがまだ義務教育年齢の子ども達ならば彼らの権利を守るのは町の義務だ」この言葉には衝撃を受けた。

そして続いて次のようにも話された。「どこで学ぶかが大切なのではない。何を学ぶかが大切なんだ」。高橋さんが学校復帰ではなく、不登校している子どもを主体に考えていることがよくわかった。このことはその後にひよこの家が開設して明確になる。

町長の指示で当時の学校教育課の係長さんが学校や行政機関から一定以上離れた築80年の農家を借り受けたのが2003年で、町民やボランティアで整備してその年の9月に開設となった。外観は見るからに平屋の農家で、入ると広い土間があり、薪ストーブ、囲炉裏と、それこそ田舎のおばあちゃん家に来たように思える場所となった。

ひよこの家の土台は前出した当時の係長だった阿久津さんが作ったと言っても過言ではない。その阿久津さんと一緒にひよこの家が開所する前に川崎市のフリースペースえんに視察に行かせていただき、西野さんから多くのことを学ばせていただいた。ひよこの家がフリースペースと名付けているのはこの視察

の影響があったかもしれない。

表面的な学校復帰を前提としないひよこの家

　ひよこの家が開設される時に町で実行委員会が開催された。そのポイントは
やはり学校復帰であった。適応指導教室は学校教育法にもある通り、学校復帰
が前提となる。しかし学校復帰が前提となっては本来の不登校している子ども
が安心して心を休ませる場にならない、と協議を重ねたが、その時に学校教育
課係長の阿久津さんが「表面的な学校復帰を前提としない」という表現を提案
してくれた。その背景には当時の町長、高橋さんの思惑があったのである。

　新しく生まれ変わる適応指導教室＝ひよこの家が開所する前に不登校児童生
徒の様子をみるため、小中学校を訪れた際、中学校の保健室で勉強する生徒を
見て、また小学校の校門でハイタッチして帰る子どもを見て、高橋さんは、「こ
の子ども達は本当に保健室で学びたくて学校に来ているのか？　校門でハイタッ
チしたくて校門に来ているのか？　そんな表面的な学校復帰は必要ない」と言っ
たのだ。

　教育機会確保法が公布される13年前に高根沢町では学校以外の場を設置して
いたのである。その背景には高橋さんのこのような思いがあったのだ。

　こうして、高根沢町フリースペースひよこの家は理念の第一項目に、「この
スペースは、表面的な学校復帰を目的としません」と明記されたのである。

キーマンとなる役場職員の存在

　2003年9月に開所したひよこの家だが、田んぼのど真ん中にあることで地域
の方々の理解と協力が不可欠だということは町の阿久津さんも十分にわかって
いた。阿久津さんは地域住民に全戸訪問して、ひよこの家について丁寧な説明
をしたのである。不登校という言葉だけでマイナスのイメージを持つ人は少な
くないことをよくわかっているからこその行動だったが、それは開設した年の
クリスマス会に多くの地域の皆さんが参加してくれたことが実証していた。

　ひよこの家のキーマンであった阿久津さんの活躍はまだまだある。開所時、
午前中から来る生徒はお弁当を持参することをお願いしていた。しかし一人だ
けお弁当を持ってこないでお昼に一人で過ごしていた。気にかけて聞いてみる
とお母さんと二人で暮らしていて、朝が早いのでお弁当を作れないとのことだっ
た。このことを阿久津さんに相談すると、即座に「給食ですね。みんなも喜ぶ

からひよこの家で給食を食べれるようにしましょう。」という答えが返ってきた。しかし、給食を提供するのは容易なことではない。給食センターの配送車が通るには道幅の基準があるが、ひよこの家は周りが田んぼの農道だから難しい。そして衛生面を考慮しても簡単にはいかないことが明らかだった。しかしそこは行政マンの阿久津さん。担当部署や議会にも繰り返し説明し必要性を訴えることで、2か月後には給食がひよこの家で食べられるようになったのだ。高根沢は大嘗祭でも献上されたお米がある町なのでとにかくご飯が美味しいのだ。それをみんなで一緒に食べられるようになったのも阿久津さんなくては実現できなかった。キーマンとなる行政職員の存在は公民連携では不可欠であると言える。

学校復帰を前提としないことで子ども達の心に現れた変化

ひよこの家では理念にもあるように表面的な学校復帰を前提としない。だからスタッフが子ども達に言い続けているのは「ここにいてだいじょうぶ」「ここなら何でもできるよ」「何もしなくてもいいよ」という子ども達の心に安心だという気持ちを持ってもらうことだった。とにかくひよこの家にいれば安心だ、ということを言い続けたある日、2人の中学生から言われたことがある。

「中野さん、学校に行ってもいいかな？」

あれだけ学校復帰を前提とすることで学校を拒絶していた子ども達が学校復帰を前提としないことで、逆に学校復帰という気持ちが生まれたのだ。これは衝撃的な出来事だったし、その後の子ども達を見ても150人近くが卒業しているひよこの家だが、家庭の事情で1人だけ卒業後に働いたが、それ以外の子ども達は皆、高校に進学しているのである。つまり、中学で不登校と騒ぐのではなく、高校までその範囲を広げれば皆、高校に行く、つまり学校復帰していくのだ。そのことを目の当たりにしたことで、学校復帰を前提としないと表明することがいかに重要かがわかった。

公民連携を軸とした活動の広がり

ひよこの家がきっかけで高根沢町でも業務に携わるようになり、そこから地域に貧困で苦しむ家庭が多いことを知り、2005年には生活保護受給世帯の無料の学習支援教室を立ち上げ、そこから無料の学習支援寺子屋を県内に広げていった。

2007年には栃木県の労働政策課の推薦を受け、とちぎ若者サポートステーションを受託し、就労支援に踏み出した。そして2014年には生活困窮者自立支援の学習支援事業を宇都宮市と栃木県から受託し、公民連携の活動を広げていった。

　2016年には事務所内に昭和こども食堂を開設し、やがて宇都宮市の空き家対策とも連携して、一軒家をお借りして2018年から子ども食堂、学習支援、遊び体験など安心できる居場所のワンストップとなる「キッズハウスいろどり」を開設し、子どもの貧困対策事業を本格化した。その当時から宇都宮市との連携も活発化し、2020年9月に「宇都宮市親と子どもの居場所事業」を受託し運営を開始している。

　自主事業の活動を続けながら、当法人の軸は公民連携である。その広がりが現在の形に繋がっている。

公民連携を進めていくうえで大切にしていること

　多くの公民連携事業を展開するうえで大切にしていることがいくつかある。

　まず一つは、行政マンはとかく非難されやすいが、目的は子どもや住民のためという目線は同じである。必ずキーマンがいることを意識している。

　次に民間からの要求をするのではなく、困難を抱える子ども若者を支えるために提案するようにしている。民間でできることを伝え、行政でしかできないことの協力を依頼する。

　それから、ファーストコンタクトを大切にしている。行政の想像以上に早くかつ期待以上のものを提供するように心掛けている。

　最後に成果はすべて行政にお返しし、民間は実の部分があれば良しとしている。我々の本分は困難を抱える子ども若者が元気になるようにすることであることを忘れないようにしたい。

　これからの時代は行政と民間がそれぞれでやるのではなく、連携することで困難なケースにも対応できるようになる。公民連携こそがこれからの時代に求められていると確信する。

4. 多様な学びと子どもの安心・安全の確保

1）フリースクールの人権侵害と権利擁護

江川和弥（フリースクール全国ネットワーク）

■この企画はなぜ生まれたのか

人権侵害はいつでもおこりうるのに、「おきてはいけない」事だと言われる。もちろん、未然に予防することはとても大事なことである。同時に再発をふせぐという事は別途考えなければいけない。私たちはこの二つを同時に行うことをこの間しっかり行ってきたのだろうか。私自身は、フリースクール全体のガバナンス（事業運営力）を高めてゆくことが非常に大切な事だと考えている。私たちは、子どもには学びを選ぶ権利があると主張してきた。不登校の子どもは、学校以外で学び過ごしている。学校で学び成長してゆくという道を選ばなかった子どもの選択に対して、教育機会の必要性を法的に定めたものが教育機会の確保法（2016年）であった。法の中には、学校にゆかない子どもに対して、学びの場を用意しないことが「子どもの権利」の擁護を怠ることだとのメッセージが読み取れる。

同時に大切なのは、フリースクールの運営の原則の中に「子どもの権利」擁護を掲げている。しかし、子どもの権利をどこで、どのように守っているのか。もし、それが侵害された時には、どのように改善されたり、報告されるのか。目的は明確だが、運用の詳細を明文化している団体が非常に少ない。フリースクールでは、さまざまな問題が起きてから、参加している子どもと一緒に考える事を原則にしているので、問題がおきてから考えるという団体もあるかもしれない。予防という観点からすれば、自団体ではおきていなくとも、他団体の経験を参考にする事で、権利侵害を事前にふせぐことができるものもたくさんある。

「ハインリッヒの法則」にもあるように一つの重大な事故の

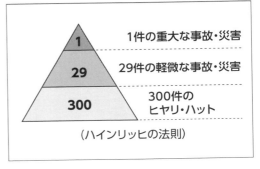

（ハインリッヒの法則）

- 1 ── 1件の重大な事故・災害
- 29 ── 29件の軽微な事故・災害
- 300 ── 300件のヒヤリ・ハット

背景には、29の軽微な事故があり、そこには300のヒヤリハット（事故には至らないまでも、事故につながりそうな事案）がある。

　私たちは、貴重なサインをたくさん見逃していることに気づいていないだけである。すでに、医療現場や危険な工事の現場では、医療ミスや労災を防ぐという観点から多くの予防策が行われている。

　NPOの中でも、環境教育など、子どもを対象とした宿泊を伴う自然体験学習の現場でも、これまで多くの事故を体験してきた。宿泊を伴う活動では、性被害の問題もこれまで何度もおきている。2018年度、わいせつを理由に処分を受けた教員は、学校の現場で、282人。子どもの権利侵害がさまざまなところでおきている。フリースクールも学ぶべきことはたくさんある。

　新聞報道を通じて2019年7月「東京シューレ」で過去に起きた性加害の問題が裁判となり、和解が成立したと報じられる。この事件を契機に、これまで十分に取り組めなかった子どもの権利侵害の予防と再発防止に私たちは全力を上げる必要があると痛感している。

　今回のJDEC企画を契機に、多くの皆さんの賛同と協力をもとに、子どもの権利擁護の実践の取り組みを広げてゆきたい。

■権利侵害はなぜ、学ばれないのか？（組織の視点から）

　フリースクールという学び場は、近代以降の学校教育の反省から生まれている。公立学校は、教師を中心とした一斉授業で、たった一つの回答を導き出すために、生徒は長時間学習とその場を維持する規律に従う必要がある。写経のように、全員が黒板に向かい、板書をされたものを写してゆくことが、「学びである」とされた。明治以降学校ではずっと同じことが続いている。

　学校教育の課題は、この上意下達の学びと同時に、学校の校長を中心とする組織の構造にあると考えられてきた。つまり、上意下達の情報伝達が学校教育では大事なのであり、自分の頭で考えて判断し、行動してゆくことがずっと教育の中では置き去りにされてきた。私たちフリースクール関係者は、これを子ども中心の学びではなく、決まった答えを覚えるだけの学びになっていると批判してきた。

　この批判は、その意思決定や情報伝達に向けられ、同時にその組織体制にも向けられてきた。いわゆるピラミッド型の組織構造自体を問題にしてきた。先生の判断領域は狭いので、他のクラスと同じような教育や教え方がどこでも行

近代以降の「学び」の変化

18世紀の農業革命（単一品種の大量生産）
19世紀の産業革命（工場制機械工業・商品の大量生産）
20世紀の情報革命（情報が行き渡ることで生産や販売方法が変わる：アルビン・トフラー）

21世紀の知識革命（情報の上位概念としての「知」）

判断を自分で行わない

上意下達の情報伝達

複雑に繋がりながら学ぶ

お互いの責任で判断し行動する

われてきた。基本的に校長や教育委員会の判断に従うという文化は、クラスの授業にも反映している。

　フリースクールでは、学校教育の課題もふまえ、上意下達の学び合いや意思決定を避けて、相互に自由につながり合いながら学びあう「場づくり」、「学びづくり」、それぞれの団体の組織づくりにも反映された。どのフリースクールでも子ども中心の学びがなされ、意思決定も異論を排除せずに運営が行われてきている。

　フリースクールスタッフと代表や、ボランティア同士の関係にまで開かれたフラットな関係がつくられているのかどうか。組織の中の意思決定はどのように行われているのか？　大きな問題が、どの組織の中にも横たわっている。フリースクールの立ち上げ当初は、たくさんの困難な問題があるので、一人の人に権限を集中しやすい。経験年齢が若いスタッフが多い団体であれば、経験年齢が多いスタッフに権限が集中しがちになる。

　私たちは、民主的な組織を大事にしながらもその組織運営を、どのようにするのかを考えてこなかった。不断に更新される仕組みづくりに、無頓着であったと感じている。意思決定が少数の人に集中している組織は、別の視点から考えればそこに権力が存在していることがわかる。便宜上ではあれ、無自覚に集中している組織内の意思決定の集中は、点検され、ふりかえる仕組みがないと、意見が偏った組織運営が持続してしまうことにつながる。

■権利侵害は隠されやすい

　権利侵害や事故は、起きてはいけないものとされている。しかし、事故であれば、そこでけが人が出たり、場合によってはメディアにもすぐに報道されるので隠しようがない。しかし、権利侵害の問題は、本人の告発や周りの人の証言が明確でないと取り上げられにくいという特性がある。特に被害者が子どもなので、記憶や表現が明確でないと、その証言を事実として検証や立証がしにくい。

　また、権利侵害は、加害者と被害者が上下関係や信頼関係の中で行われることが多い。長年の信頼する人がなぜこんなことをするのか、子どもたちは自分におきたことに違和感を感じているが、すぐに行動に起こせない場合も多い。ただ、忘れようと思っても忘れられないモヤモヤ感や、その後の人生に大きな影響を及ぼしてゆく。事件後時間がたってから権利侵害であると訴訟が起こされる。10年後もしくは、それ以上の年月を経ても事件は本人を蝕んでゆく。

　お世話になった人や深く自分を支えてくれた人が、加害者である可能性もある。自分の中に起きてくる、怒りを表現できない苦しみが子どもの内面に起きることは容易に想像できる。本人の状況を、「そっとしておいたほうがいい」という判断で問題自体がなかったことにされる場合さえもある。また、性被害の場合は女性が性被害の対象になりやすい。女の子なので、将来のために、黙っておいたほうがいいという判断が親や親族からなされる場合もある。

　早期に問題化されない事は、忘れられるか大した問題ではなかったということになりやすい。だからといって、私たちが、この権利侵害の問題に取り組まないという事にはならない。

■権利侵害の予防

　私たちが第一にできることは、子どもの権利侵害の予防である。私が代表を務めている特定非営利活動法人寺子屋方丈舎では、次のような取り組みを行っている。

(1)活動に関わる事業スタッフ、ボランティア全員が、事業開催前に、子ども権利擁護に関する研修を受ける。団体の権利擁護規定に誓約をして、事業期間中はそれを遵守するという行動への制約が生まれる。万が一規定違反が、明らかになった場

合は、活動を中止させる。

(2) スタッフボランティアを対象に、年1回事故や権利侵害をめぐるヒヤリハットを蓄積
　してゆく研修会を実施する。団体内部にヒヤリハット事例が蓄積される。

(3) 活動に参加する子どもに対して、権利侵害や自分の中で嫌なことがあった場合に
　は、すぐに届けることができる担当スタッフを用意している

　また、どのスタッフも活動に関わるボランティアには子どもの権利研修を行
うので、自分の中で常に、子どもへの権利の伝え方や過去の事例の学習がされ
ている。これらが規定通り行われているかは、いつもチェックシートで記録さ
れている。

　このチェックを事業ごとに繰り返している。もちろん回を経るごとに効率化
されているが、スタッフにとっても負担であることには違いはない。しかし、
この繰り返しからしか再発防止は、はかれないと考えている。

■権利侵害は糾弾するのではなく、しっかりと受け止め学び合う問題

　今回の東京シューレでおきた性加害の問題も、「本来であれば、もっと早く
事実関係が明らかにされればよかった」という声は多くあがっている。問題は、
いつも公平、公正に処理されるべきだという不文律が、フリースクールにはあ
る。私たちは、日々活動していると必ず失敗する。問題は、失敗してもそれを
明らかにしてゆくことさえできれば、大きな信頼を失うことはない。「失敗し
ないこと」に注力しすぎると、必要なタイミングで事業を行えなかったり、責
められることを嫌って慎重になり、保守的な判断も生まれてくる。そんな事
件は起きないだろうと、「事実」を認知しない人もいる。

　私たちにとって、うまくゆかないことがたくさんあるのは前提である。うま
くゆかないことを、どのように目的実現のために修正してゆくのか？　権利侵
害をなくすという目的実現のためには、うまくゆかない事を修正してゆく力が
必要だと思っている。だから、私たちは相手を責めない。当事者が、責められ
れば事実関係が明らかにされないばかりではなく、協力が得ることができない
ので事実関係がわからず、再発する危険性も高くなる。何より、フリースクー
ルの事業は、まだまだ歴史が浅く、その財政基盤も弱い。お互いに学び合い、
支え合うことなしに、学校外での学びを広げることなどはできない。

　加害者を出した団体の協力をもとに、安心して事実関係を開示ができる相互

の信頼関係がなければ、再発防止の検討を行うことは不可能だ。その信頼関係を、フリースクール内部でまだまだ十分に築けていないという事も、東京シューレの性加害の問題は、明らかになった。フリースクール全国ネットワークでは今後、以下の取り組みを行う。

(1) 子どもの権利侵害があった時の連絡・相談の窓口を設ける
(2) 権利侵害が起きないような予防の取り組みの実施、そのためのノウハウの蓄積
(3) 東京シューレ性加害問題の検証

■「子どもの権利」がもっと見えるような取り組みを

　私は、「不登校の子どもの権利宣言」が2009年に、子どもたちの手でつくられた時の感動を覚えている。なんと素晴らしい出来事だろうと思った。ただ、時間がたてば輝いて見えたものも、少しずつ色褪せてしまう。どうしたら、輝き続けられるのだろう。それは、もっと多くの人が考えたり、議論したり、学びあうことのくりかえしでしかない。私たちは、不都合な事も含めて見えるようにしてゆくことが、団体の運営を担う者の責任だと考えている。
　見えるものは、事実の検討もできる。誰がどこで権利侵害の問題を取り上げるのか。学校でも子どもの権利侵害について予防の研修が行われるようになり、事例がさらに蓄積されたら、子どもへの権利侵害はもっと減るだろう。フリースクールは誰にでも開かれた、学びの場である。私たちの実践の一つに、子どもの権利擁護が加わるためにたくさんの人の力をお借りしたいと思っている。

2) 子ども・若者の身体的・精神的安全と権利を守る環境づくり

金谷直子（セーブ・ザ・チルドレン・ジャパン）

　多様な学びの場に携わる方々をはじめ、世界中で様々な人々が子どもの権利のために力を尽くしている。しかし非常に残念なことに、子どもの支援活動や、子どものために存在する場において、スタッフ等による暴力や不適切な関わりも起こっている。子どもたちに大きな負の影響を及ぼすような人権侵害が、あろうことか、子どもを守るべき立場の人々によってなされるという事実は、団体の存在意義そのものを覆しかねない深刻な問題と言える。誠実に働く多くの関係者や、スタッフを信じて子どもを託した保護者、そして何より当事者の子

どもや若者たちへの裏切りでもある。また、不適切な言動を行ったスタッフ個人の資質もさることながら、そういった問題に対する団体の予防体制や問題発覚後の対応の在り方が問われる例も少なくない。

　近年では、人道支援や、教育、保育、スポーツ、宗教など様々な業種においても、より確かなセーフガーディングの実施が叫ばれているところである。そこで当分科会においては、多様な学びの場においてセーフガーディングの導入と強化に取り組むことを念頭に、以下のような議論を進めた。

セーフガーディングとは

　『子どものセーフガーディング』は、「組織の役職員・関係者によって、また事業や運営において、子どもにいかなる危害も及ぼさないよう、つまり虐待・搾取や危険のリスクにさらすことのないよう努めることであり、万一、活動を通じて子どもの安全にかかわる懸念が生じたときには、しかるべき責任機関に報告を行い、それを組織の責任として取り組むこと」と定義されている。

　ここでいう『虐待』という言葉は、家庭内虐待のことではなく、団体のスタッフ等による、主に業務を通じて関わる子どもたちへのあらゆるレベルの不適切な関わりのことを指している。また、人為的な有害行為だけでなく、無知や過失によるものや、偶発的な事故のリスクからも守ることが求められている。

子どもと若者支援の場における虐待・搾取について

　子どもに対する様々な形態の暴力について、それらがいかに身近で多い問題であるかを、統計データを交えて紹介した。国際的なメタ研究によると、4人のうち1人は子ども時代に身体的虐待や暴力等を受け、7〜8人に1人は性的な被害を経験している。発覚する問題は氷山の一角でしかない。身近な人によって行われる虐待や不適切行為は、繰り返され、長期化することもある。とりわけ、教育的・指導的立場にある大人と子どもとの間には、歴然とした力の差がある。被害に対して抵抗や通報をすることが難しいだけではなく、子どもたちに無力感や罪悪感を植え付け、そのことで深く長く子どもを苦しめることになるのだ。

　また今回は、子どもの性的搾取・虐待というテーマを中心において議論を進めた。スタッフやボランティアによる子どもへの性的な関わりは、加害者によって巧妙に正当化されていることが多い。他方、それを知った周囲の大人たちに

とっても戸惑いが大きく、回避されがちな側面はないだろうか。被害に遭った子どもは、誰にも相談できず一人でそれを抱え続けているかもしれない。しかし、子どもに甚大な影響を引き起こすこのような問題を、軽視し見過ごす時代はもう終わりにしなければならない。

私たちの責任（求められる取組とは）

　実は国際協力や人道支援等に携わる業種においても、関係者による子ども虐待や搾取を防止する重要性が度々指摘され、約20年前から様々な試行錯誤が行われてきた。日本のNGOネットワークにおいても相互の学びの場をつくり、『子どもと若者のセーフガーディングの最低基準』を作成している。これは、国際協力の場を想定したものではあるが、多様な学びの場においても参考にしていただける内容である。

　セーフガーディングの取組範囲は幅広く、リスク削減や安全な事業設計から、人材採用、スタッフへの啓発、通報制度、事案調査や人事処遇、再発防止までの多くの要素からなり、包括的な取組が必要である。本稿では詳細を省略するが、「子どもと若者のセーフガーディング最低基準のためのガイド」が公開されているので、ぜひご活用いただきたい。

https://www.savechildren.or.jp/news/publications/download/2020_CS_guide.pdf

グループワーク（どんなふうに配慮・工夫できるか）

　上記の議論を踏まえ、本分科会では、参加者が所属する団体等での具体的なリスクや改善策について話し合う時間を設けた。4つのグループに分かれ、①日々の活動の中でどんなときに問題がおきやすいのか、危険やリスクとなるものを見つけ出す作業を行い、②それらに対してどんな予防方法があると良いかを話し合ってもらった。参加者からは、2人きりになる場所やオンライン上での個人的なやりとりといった、リスクの高い状況について配慮を求める声や、見えない上下関係や逃げ場のなさ、といった心理的な影響を指摘する声もあった。また問題行為が疑われたときに、小規模な居場所ではデリケートな問題を相談しづらいという指摘や、そういった実情を踏まえた相談窓口の在り方をネットワーク全体で検討すべきではないか、といった提案もなされた。現場を知るスタッフやボランティアの皆さん、そして学びの場の利用者やかつて居場所を利用した人々の経験や知恵をもとに、実情に即した予防策や改善策、そして相談

と対応のあり方を検討し、ぜひ日々の予防活動に反映していただきたい。

これからの取組に向けて

　セーフガーディングの取組を進めていくには、団体上層部によるリーダーシップが欠かせない。また、団体の壁を越えネットワーク全体で相互研鑽していくことも有益であろう。セーフガーディングの取り組みは一朝一夕にできあがるものではない。たくさんの議論や試行錯誤を重ね、それなりの時間も必要だろう。今回の学びを実践に落とし込んでいく上では、様々な葛藤が生じ、改革のための大きなエネルギーもいるかもしれない。しかし、そのプロセスこそが、やがて、子どもと若者のための真に安心で安全な場を創ることに寄与してくれるものと期待したい。

第V部

自由研究論文

教育におけるフリースクールの意義
—NPO法人子どもサポートチームすわの実践—

| 小池みはる（子どもサポートチームすわ）

はじめに

　1990年代に入って長野県でも例にもれず不登校が現れ、塾を開設していた私は不登校の相談を受けるようになり、不登校の子ども達の実態を知った。実情は一人一人異なり、多様であり、複雑であり、今までに見たことがない姿を見せた。「学校をやめた！」とか「二度と行かない」「学校なんてなくなればいい」などの言葉で表現され、子ども達の強い意志が感じられた。保護者からは、「寝たきりで起きない」「部屋に閉じこもって出て来ない」「家族と口をきかない」「起立性調節障害と診断された」「拒食症になり入院している」「リストカットがやめられない」「歯ブラシももてないほどだ」などという子どもの実態が明らかになった。この現実がこのまま放置されて、不登校家庭だけが苦しんでよいはずがない。学習権も保障されていない現実をなんとかしたいと思い、保護者とフリースクールを開設した。開設して、学校教育では対応できない子ども達と共に歩んだ25年間の実践を通して学校教育の枠の外で、可能となったフリースクール教育の意義と役割と今後の課題と展望を述べる。

第1章　フリースクールKid'sの誕生

1節　子ども達が創る居場所

（1）2人の母親との出会い

　2人の母親から「学校の匂いのない所に居場所が欲しい」と相談された。私は自宅の塾を解放して居場所にした。学校へ行かない我が子に寄り添いながら、このままでよいのかと悩んでいた。月1回親の会を開いて、不登校のこと、学校のこと、夫のこと、料理の作り方など、様々なことが話題になり、心おきなく話せる楽しい会になった。だんだんに母親達の心がラクになっていくことを感じた。母親達が自分の生き方を振り返り、語り始めた。これで、子ども達は大丈夫だと思った。母親がわが子の不登校を自分の生き方としてとらえられたことが、子どもの生き方をラクにした。

（2）その子ども達との出会いの日

　約束した当日は、子ども達は果たして来られるのだろうか？と、ドキドキ、ワクワクしながら、対面の時間を待った。玄関のドアが勢いよく開いた。そこにはテレビゲーム機を抱えた4人の子ども達が立っていた。「これプレゼント」と私にイモリを差し出した。「えッ！」と驚いて後ろにのけぞる私の姿にみんな大笑いした。私はただただ取り込まれるように、子ども達の動きを見ているだけであった。その後、月1回の集まりになり、子ども達は居場所ができ、学校から距離を取るようになったが、心の重荷が軽くなっていくようであった。これが私達のフリースクールの第1歩であった。

第2章　フリースクールKid'sがNPO法人子どもサポートチームすわになるまでの概要と歩み

1節　フリースクールKid'sの概要

（1）運営形態

①年度　②場所

1994（平成6）年〜1998（平成10）年：ちのコミュニティセンター

1999（平成11）年〜2009（平成21）年：茅野市文化センター

③開設時間　週1回〜3回　10：00〜16：00　通室型

④スタッフ　代表（小池）、保護者会の代表1名　母親スタッフ3名〜5名、ハートフレンド2名〜4名

※小学校の特別支援の教師が派遣された。1996（平成8）年〜1998（平成10）年の3年間、一緒に活動した。校長先生は自分の学校の子ども達が、ちのコミュニティセンターまでは来られるならと教師を派遣した

（2）活動の内容

【①1日の様子】男子スペース、女子スペースと自然に使い分けをしていた。男子はテレビの前に陣取って、対戦ゲームをやり、女子はおしゃべりしたり、塗り絵、手芸などをしたりして楽しく1日があっという間に終わっていった。小学生が多く、中学生と合わせて男子6人、女子7〜8人であった。ゲームを禁止するフリースクールもあるが、最初の出会いが「ゲームをやらせてくれたら行く」とのことだったので、そのままの方針で運営した。

【②不登校からの進路】中学校卒業後の進路は、ほとんどの子どもが高校進

学の道を選ぶ。Kid'sの最初の卒業生が高校に進学し、不登校でも高校へ行ける道を開いた。

【③保護者もスタッフ】保護者もスタッフと言っても、全員ができるわけではなく、できる人で役割を決めて運営にあたった。2010（平成22）年チームすわに改称するまでこの体制は続いた。自分の子どもだけでなく、他の子どもと触れ合うことによって、母親達の不安が取り除かれ、仲間意識も育ち、母親達も元気になっていったことが成果であった。

【④親の会】親の会は母親達が涙を拭い去り、笑顔になるために行っている会で、月1回の開催である。フリースクールは親の会があってこそ成り立っている。親の理解と支えがすべてと言っても過言ではない。祖父母に少しでも不登校をご理解いただくため、祖父母と語る会も開催した。

（3）費用
親の自己負担

（4）学校との関係
学校とはカンファレンスを行った。

（5）教育委員会との関係
茅野市の両角源美教育長(当時)との間で、１つの取り決めがあった。フリースクールに入会した時に、子どもの名前と学校名を教育長に報告し、教育長から在籍校の校長に連絡を取るということであった。これは教育長の提案であり、それ以外の活動内容について教育長から問われたことはなく、安心して活動ができた。

2節　子どもサポートチームすわに改称し、法人になるまでの概要
（1）運営形態
①年度　②場所
2010（平成22）年～2013（平成25）年9月：高島城近くのビルの1フロア
2013（平成25）年10月～現在に至る：諏訪市中洲の1戸建て民家
2016（平成28）年10月法人資格取得
③開設時間：週5日　月～金曜日9:30～16：00　通室型

④スタッフ：代表（小池）、常勤2名、ハートフレンド2名～3名学習支援スタッフ、調理スタッフ、専門講師、ボランティア

（2）活動の内容
特徴的な活動紹介
【①子どもミーティング】2000（平成12）年から取り入れている。毎月のスケジュールを決める。子どもは参加資格があり、お互いに意見を出し合って、1か月のスケジュールを決める。
【②子ども達が考えたキャリア教育企画】高校卒業後の進路のために企画した。キャリアのある方に来ていただいて、その体験や人生観を語ってもらった。1回目は探偵、2回目は美容師、3回目は声優、4回目は手話通訳者の4回行った。
【③畑で野菜を栽培、販売体験】活動資金を稼ぐためと、健康のために荒れた畑を借りて耕し、野菜を栽培し、スタッフや保護者、友人に販売した。野菜嫌いな子どもが、自分達が育てた野菜を食べ始め、野菜嫌いを克服したことは成果であった。

【④表現活動：音楽プロジェクト（音プロ）】2016（平成28）年4月に開始。音プロの経緯：女子高校生Sさんのシンガーソングライターになりたい夢を実現するために、プロの講師を招いた。この活動が音楽好きな子ども達の音楽を通してのコミュニケーション活動に発展した。

【⑤他団体との連携協力】
TOYBOX企画に参画。企業が社会貢献のために行っている活動の対象として、チームすわを選定し、要望を聞いて企画してくれた。テニス、フットサル、山歩き、キャンプ、面白自転車、就労体験などであった。
応援してくれる企業があり人材を派遣してくれる。音楽活動の防音設備を作るために、70万円を目標とするクラウドファンディングの立ち上げを協力し、成功に導いてくれた。

（3）チームすわの親の会

【親の会により救われた母親】「そして私は子どもサポートチームすわの親の会に飛び込み、そこで多くのお母さん方に出会った。同じ気持ちを共有できる仲間、話を聞いてくださるスタッフの皆さん。その存在は本当に本当に救いとなった。」（「不登校の我が子とともに」より抜粋）と親の会の存在が支えたことを語っている。

【父親1人で3人の子ども達を育てた田辺さん（仮名）】「赤沼先生の講演会へ行ったり、ソーシャルスキルへ連れて行ったりしました。発達障害の親の会へ入ったりして、できる限りのことをしてあげようと努力しました。仕事と家事で忙しく、下の子どものフォローまでできていませんでした。そんな中で長男が不登校になりました。（略）チームすわへ初めて相談にいきました。（略）小池代表に不登校の子どもが認められたり、子ども自身の学校での対応をほめられたことで、自分の子どものすばらしさに気づくことができて、凄くうれしく思いました。（略）子ども達の不登校により、自分の人生を振り返らされて、生き方が変わりました。（略）今は子どもを信じることの大切さ、任せることの大切さを肌で感じています」（「不登校の我が子とともに」より）

（4）費用

親の自己負担

（5）学校との関係

通学記録を提出　（通学記録とは＝通学した日数と内容を記録したものである。チームすわの自主的な取り組みで、親と本人の許可があった場合にのみ提出する）

（6）教育委員会との関係

特に取り決めはなく、必要に応じて連携した。

第3章　チームすわの子ども達

1節　チームすわで自分を表現できた子ども達

（1）小学校1年から不登校　司君（仮名）

司君は小学2年でチームすわに入会した。チームすわの通信制高校を卒業す

るまでの11年間を一緒に過ごし、専門学校へ進学した。進学のためには1日2時間と学習時間を決めて、取り組み、高校を卒業し、受験にそなえた。教科学習もし、漢字練習もし、人から教わることにも慣れた。

　継続は力なりで、自分で決めたことは最後までやり通すことができた。小学校1年生から不登校でも自分の進みたい学校へ進学することができたので、その姿は、チームすわ全体の推進力になっている。

　【司君のフリースクールでの主な活動】不登校というだけで子ども達の心が溶け合うわけではない。境遇ではなく、何をするか、何ができるか、何を一緒にやったかで、溶け合っていくようだ。司君は先に入会しているお兄さん達とゲームを媒介として人との関わりを学んでいた。

　20周年のシンポで「フリースクールに期待することは」との質問に「僕も小学生の頃、公園とかでよく遊んでいると、『学校はどうしたの？』とか聞かれて、僕自身も周囲の目を結構気にしちゃってたんですね。（略）不登校ということにあまり負い目を感じてほしくないです。小学生にやっぱり寄り添う。寄り添って、不登校でも問題ないってことを本当に伝えて、公園で遊んでて、他人から『学校はどうしたの？』ってきかれても『不登校だけど、フリースクールに通ってる』と言えるようになるってことがフリースクールに期待することです。」最初来たときに、僕が持ってたイメージとまったく違う感じで、年上ばかりだったんですよね。驚いたんですけど、かなりいろんな性格の人がいまして、大変というわけじゃないけど、みんなやさしくて、すぐ馴染むことができた。いろんな性格の人との出会いというのは、今後の人生で社会に出るときに、経験値として何か種になるんじゃないかなと思っていて、社会に出る第一歩としての場所がチームすわじゃないかと思うんですよね」と語った。この思いを繋げていきたいと思っている。

　（2）2年半の入院は辛すぎた　　南君（仮名）
　【①入会前】小学校に入学した時から、集団に馴染めない子であった。みんなが一斉にやることに抵抗を示した。学校では特別支援学級に入ったが、適応できなかった。家で暴れたり、学校でも暴れて、学校から医療に繋ぎ、発達障害と診断されて入院となった。2年半にわたる入院生活を経て、小学校4年生の後半からチームすわに入会した。
　【②入会後（小学4年生）】初対面で「僕は人が5人以上いるとダメです。自

分から声がかけられません。友達ができるかわからない。音にすごく敏感です。匂いもダメです。偏食です」と不安を言ってくれた。初対面でよく言ってくれたと思い、「わかった！大丈夫だよ」と私は答えた。内心では、人は5人以上いるし、音もうるさい時もあるが、なんとかなるだろうと思った。人はだんだんに成長していくものだ。こだわりも徐々に変わっていくし、人なつっこさが大丈夫だと思った。

【③スタッフの関わり】ハートフレンドが1人付き、ゲーマーの南君とゲームをやることに終始した。

　虫が嫌いで外に出たことがない南君が、ある日突然散歩に行きたいとハートフレンドに言って、周りを驚かせた。その思考過程は解らないが、南君にとっては一大事である。この時の状況をハートフレンドは次のように実践記録に書いている。『一緒に過ごす日々が始まりました。初めはお互いに距離があり、会話も「おはよう」とか「今日は何してるの？」といったことしか会話ができなかった。（略）これといった「寄り添い」ができないままに日数ばかり過ぎていきました。お互いの性格も少しずつ分かってきて、1年がたったときでした。私はいつものように南君に接していると、南君から「外へ行かない？」と声をかけてくれて、うれしくて、うれしくて「行くか！」と即答して、外へ散歩に行きました。それからはよく外へ出かけてはいろいろなところを散策しました。』と。

【④虫が大嫌いな南君が「登山に行きたい」と】南君は中学2年生ころになって、グングン成長して、集団も平気になり、虫も怖がらなくなって、「山に行きたい」と言いはじめた。近くの入笠山（標高1955m）に5人で登山に行った。弱音は全く吐かず、最後のきつい上りも平気で登り切り、見事であった。南君は、まず1人のハートフレンドとの関わりから、他の子ども達やスタッフとの関わりを通して、自分を取り戻し、自分を知ることができた。今では子ども達の精神的支柱になっている。

2節　不登校から「チームすわ」のスタッフに

（1）中学3年生女子　知子さん（仮名）

【①入会前】知子さんは中学1年生の時に不登校になった。当時のことを知子さんは「人間関係や部活、勉強と緊張の連続で、自分を周囲に合わせすぎてしまったことが、大きな原因だと思います。本当の自分がどれなのかわからなく

なってしまいました。学校は行くところ、そこに行けないのは悪いことだと思っていても行けません。自分が自分でどうにもならず、本当につらい日々でした」（体験集「それからの私」から抜粋）

【②入会後】フリースクール Kid' s に入会したのは、中学3年生の4月だった。「初めて小池さんに会った時は、私の話を聞いてくれる人にやっと出会えた！と思いました。そこには、今まで感じていた大人から「どうにかされる」という感覚が全くなく「知子ちゃんは、何がしたいの？」と聞いてくれたその言葉がうれしくて、心から安心しました。（略）フリースクールに出会った感動とその時の思いがあったからこそ、安心して自分の羽を広げられたのだと感謝しています。」（体験集「それからの私」から抜粋）

通信制の大学を卒業してチームすわのスタッフになった。

（2）中学1年生の男子　拓君（仮名）

【①入会前：体験集「それからの私」から抜粋】「僕が学校に完全に行かなくなったのは中学1年生の後半あたり、10月くらいからだったと思います。行かなくなったきっかけを今振り返ると、特別これといった理由があった訳ではなかったです。学校での嫌がらせや、（略）いろいろあって行くのが嫌になり、それで少し休むと、授業の内容にもついていけなくなるなど、こうした様々なことが積み重なってきたことが、きっかけであったように思います。」

【②入会後】「チームすわに入会するきっかけは「1年くらいたったある日、親が子どもサポートチームすわのことを教えにきました。「こんな所もあるんだけど行ってみない？　インターネットもあるからゲームとかもできるよ」って感じで言っていた気がします。学校に行かなくなって1年も経つと、教科書の内容が全く分からなくなり焦りもあったのですが、最大の理由は家にインターネットが通っていなかったので、「インターネットでゲームができる！」でした。

フリースクールが認められる社会に

「もしもこのような団体がなかった場合、僕みたいに通っていた人たちや、今通っている子どもたちがどうなるのか、考えると怖くなります。絶対にここみたいな場所は必要だし、社会や教育体制がそれを認めていけるようになってほしいと思います」と。高校卒業後、ハートフレンドからスタッフになって活動している。拓君の願いが叶うように私は努力する決意である。

3節　フリースクールがあったから、今がある

(1)中学3年生女子　美子さん(仮名)

【①入会前】私が不登校になったのは中学3年生の後半で、不登校になった理由はいじめでした。私は強い子にストレスの発散の相手にされるような性格でした。(略)高学年になるにつれていじられキャラという、ちょっとぬけたキャラになって、(略)それなりに楽しくなりました。6年生になってある女の子のグループにいたのですが、からかいがエスカレートして、いられなくなりました。そのときは助けてくれる優しい女の子がいて、私は救われました。(略)中学2年のクラス替えのとき、6年のときに私をからかっていた人と同じ組になってしまいました。(略)やっぱりだんだんからかいが激しくなり、その子のストレスを当てられるようになりました。それで私は耐えられなくなり、学校を休みがちになりました。そしてもう本当に行けなくなって、不登校になりました。」
(体験集「それからの私」より抜粋)

【②入会後】いじめは絶対に許さない。私は美子さんを絶対に幸せにしようと固く心に誓った。週1〜2回チームすわに来るようになり、いろんなことを話した。チームすわとの出会いを体験集「それからの私」に書いている。「フリースクールに出会いました。(略)小池先生に出会いました。すごくいいタイミングだったし、今思うと、これは運命だったと思います。(略)先生は相談に乗ってくれて、私の気持ちを理解して受け入れてくれ、責めないでいてくれました。(略)だんだんラクになってきました。すると自分のことが分かるようになり、やりたいことが初めて出てくるようになりました。学校にいっているときなんて、友達に合わせるばかりで、本当の自分も分からないし、やりたいことなんてありませんでした。そんな私が、中学3年の終わりごろにやりたいと思ったのが、音楽でした。(略)誰かに習いたいと思うようになりました。(略)プロの先生を呼んでくださり、私にレッスンを受けさせてくれました」

チームすわで人との出会いと活動により、自分を取り戻した美子さん！　美子さんは夢に向かって歩みだした。私も模索しながら、共に歩むことができた。

この美子さんの音楽活動が、チームすわ全体の活動に発展した。音で人とのコミュニケーションを感じる、レベルの高い活動である。

第4章　教育におけるフリースクールの意義

1節　学校からの解放

子どもは学校へ行かない権利があり、義務はない

「子どもはなぜ学校へ行くのだろうか？」一方「子どもはなぜ学校へ行かないのだろうか？」子ども達が学校に行かない、行かれない事実は、日本の社会に何を問いかけているのだろうか。

　不登校になった1人の子どもの長い間の苦しみ、つらさ、悲しさ、家族の修羅場、世間からの孤立や孤独感などを私は見てきて、肌で感じ、共に歩んできた。このような苦しい現実を変えるために、多様な学びができる国にするために、フリースクールの現場、で実践を積み重ね、運動を起こし、2017（平成29年）年12月に普通教育確保法が、成立した。

2節　社会の通念や常識からの解放

不登校の権利宣言

　日本の学校教育の果たして来た役割が大きいことは誰しも分かっていることであるが、時代とともに学校至上主義が崩れてきている。教育の普遍性とはなんなのか？今の現実を大きく受け止めてみると「不登校の権利宣言」にたどり着く。これは東京シューレの子ども達が、自らが幸せかどうかの判断基準として、子どもの権利条約を真剣に学んだ。その結果を「不登校の子どもの権利宣言」としてまとめて、2009（平成21年）年8月のフリースクール全国合宿の全体会で公表した。

3節　「人を育てる」教育へ

　子ども達の心は自由であり、人間本来の特質を思う存分発揮したいのである。1930年、今から90年前に牧口常三郎が、提唱した創価教育学の出発点は「子どもの幸福」にあった。すべての子ども達が、幸せに暮らせる社会を望まない人はいない。子どもの豊かな発想からの直観力や感覚を、大切に受け止めて、ほめて、明日につなげることに、私たちおとなは間断なく努力すれば、価値創

造つまりその子の「生きる力」が育まれるのではないだろうか。

4節　「教育のための社会」を求める子ども達

　フリースクールの実践の中で、ある時、私は「不登校の子どもは教育を受ける権利を自分の手元に取り戻した子ども達だ」と気が付いた。「社会のための教育」から、「教育のための社会」をめざしている子ども達の出現だと気が付いた。ここから池田大作氏が2000（平成13）年に提言した「教育のための社会」を目指しての提言と2001（平成14）年の「教育力の復権へ―内なる『精神性』の輝きを」の2本の提言を勉強し、熟考した。それは、子どもの幸せを目的とする人間教育の実践者・牧口常三郎を源流とした提言であり、２１世紀を展望した教育への指針であった。池田大作氏は、「社会のための教育」から、「教育のための社会」へのパラダイムの転換を促している。「社会のための教育」すなわち社会にとって有用性を強いられて育ってきた大人世代に、見失いかけている「子ども自身が幸福をかちとるため」の教育へのパラダイムの転換を迫るものである

　池田大作氏はこのパラダイムシフトを、アメリカのコロンビア大学宗教学部長のロバート・サーマン博士から得ている。

　池田大作氏の「教育のための社会」を目指しての提言で「不登校問題に象徴されるような子ども達の苦しみは、一刻も放置しておけませんが、かといってこの問題が、学校教育の制度的な改革などで解決に向かうような根の浅いものとは、とうてい思えない。現在のわが国は教育の機能不全に陥っている。子どもという最も弱くかつ鋭敏な部分に噴出しているのである」と指摘。本来の教育力とは、子ども自身の幸福を目的とするものであり、社会のほうが、子ども達に幸福になるための力を提供するべきであるとの、主張ではないだろうか。不登校とは、子どもの側からの、幸せになる権利への主張である。社会のための教育を強いられてきた私たちが、「教育のための社会」を築くのは容易なことではないであろう。しかし、フリースクールを25年間実践してきた実績を踏まえて、共に歩んできた国内外のフリースクールを検証すると、私の実践以前から「教育のための社会」を目指す実践が可能になっている事例がある。今後はもっと増えていくであろう。というのは、フリースクールは人と人との結びつきを回復し、人として生きられるように人権を取り戻し、人格を形成することを目的とする方向を模索して、日々実践してきているからである。この点

から考えれば、まさにフリースクールの実践は「教育のための社会」をつくる一翼を担っているといっても過言ではないであろう。現在の不登校の子ども達が置かれている状況では、地域社会からの孤立と分断がまだまだ続いている。現在の不登校を経験した子ども達が、つながれるところからつながり、国内外のネットワークを広げる活動をすることは、地域社会の不登校への評価を変え、やがて不登校という言葉さえもなくなっていくであろう。

　私たちおとなは、この絶好の機会を逃すことのないように、力を合わせて、子どもと共に一歩前進することを誓い合いたい。

5節　課題と展望

　課題は子ども達が、幸せに暮らしていける土台を、安定的なものにするために、子ども達の生き方に見合った、多種多様な学びが創造できる環境を作ることである。そのための人材と財源の確保が必要である。一人ひとりの子どもを大切に、子どもの心に寄り添った教育についてさらに研究を深め、子ども参加のチームすわの運営やカリキュラムの研鑽をして、子ども達に貢献することが望まれる。これとて解はないが、それでも解を求めて知恵を出し、人々と協力して子どもと育ち合っていきたい。どんな時代でも、教育が、つまり子どもが、人間が社会を創造してきたのである。学校教育・人間教育に関わる構造的課題があるとすれば、それはその社会を生き、その社会を創る子ども達のために、社会を変革していくことである。学校教育にそのような役割があると見るならば、我々が果たしてきている不登校の子どもの人間的解放を、これからの学校教育変革の根源とすることは意義あることと考える。

日本のホームスクールの現状と課題
―家庭を拠点に学ぶという選択―

Homeschooling in Japan -Processes of Choosing Home over School as a Place of Learning-

｜鈴木七海（静岡文化芸術大学大学院修了）

1. ホームスクールとは

　ホームスクールとは、アメリカやイギリスなど世界の多くの国において、法律で認められている教育形態のひとつである。一般的には、親が子どもの主たる教育を、学校に任せる代わりに自ら家庭で行うことをホームスクールというが、その方法はさまざまである。イギリスではホームエデュケーション、日本では在宅教育という用語が使われることもあるが、本論文では一貫してホームスクールと言う用語を使用する。また、ホームスクールで子どもを育てている親を「ホームスクール実践者」、子どもたちを「ホームスクーラー」と呼ぶこととする。

　日本では、ホームスクールという用語を聞いたことがない人も多い。しかし、近年ホームスクールを行う家庭が世界中で増加しており、日本もその例外ではない。Ray(2018) の "Research Factson Homeschooling"[1]には、「世界中の多くの国々でホームベースドエデュケーションが広まっている」と書かれており、その中に日本も挙げられている。また、2016年12月に日本の国会で成立した「義務教育の段階における普通教育に相当する教育の機会の確保等に関する法律(以下通称:普通教育機会確保法)」は、学校外の教育の役割を認めている。その学校外とは、主にフリースクールをはじめとする「オルタナティヴスクール」を意味するが、ホームスクールも含まれるとする意見もある(フリースクール全国ネットワーク・多様な学び保障法を実現する会編2017、pp.173-174)。総じてみると、日本においてもホームスクールが徐々に広がりを見せつつあることは確かである。しかしながら、現時点において、日本におけるホームスクールの実態についての学問的研究はほとんど存在していない。

2. アメリカのホームスクール

　第2章では、世界的に見てもホームスクールが盛んに行われており、ホームスクールの研究でしばしば参考として取り上げられているアメリカのホームスクールについて述べる。日本のホームスクールの特徴を明らかにするために、ま

ずはアメリカのホームスクールを理解することが重要である。

2.1 アメリカのホームスクールの概要

　今日のアメリカでは、ホームスクールとは親が子どもを学校に行かせる代わりに、主に家庭で教育することであると理解されている。ホームスクールは、義務教育期間の教育の選択肢のひとつとなっており、教育方法として社会で広く知られている。公立の学校やチャータースクール[2]と協力したり、図書館や教会といった家庭外の場所でホームスクーラーの仲間とともに学んだりすることもあり、その方法は家庭ごとに多様である。近年ではホームスクールのためのオンライン講座が開かれるなど、ITの進化がホームスクールの展開を後押ししているといえる。全米教育統計センター (National Center for Education Statistics) によると、アメリカでは2016年の時点で、169万人以上（学齢期児童生徒の約3.3%）がホームスクールで教育を受けていることが明らかになった。2003年の時点では、109万人程度（学齢期児童生徒の約2.2%）であったことを考えると、ホームスクーラーが13年間に60万人、学齢期児童生徒の人口比で見ても約1%増加したことがわかる。[3,4]

　アメリカには、ホームスクールに関する法律「ホームスクール法(Homeschool Laws)」が州ごとに定められている。各州の法律では、「①就学義務の例外として認める場合、②私立学校と同様の地位を認める場合、③特例法によって認める場合（秦1999、p.87）」の3つの方法でホームスクールを認めている[5]。ホームスクール実践者は、各州の法律に従ってホームスクールを実施することになる。Home School Legal Defense Association(ホームスクール法律擁護協会以下、HSLDA)は、アメリカの州ごとのホームスクール法を規制の程度により、high regulation(強い規制)、moderate regulation(中程度の規制)、low regulation(弱い規制)、requiring no notice(規制なし)の段階に分類している。

2.2 アメリカのホームスクール運動

　アメリカでは、1970～80年代にホームスクール運動が盛んになった。ホームスクール運動の発展の背景には、第一に公教育を官僚主義的で画一的とする批判からオルタナティヴな教育を求めた人びとの教育運動の広がり、そして第二に伝統的なキリスト教の価値観をかかげた新保守主義の社会運動の台頭が挙げられる(長嶺2003、p.114)。

第一の教育運動を理論的に支えていたのは、ホームスクール運動の父と呼ばれるジョン・ホルトや、「脱学校論」提唱者のイヴァン・イリッチである。教師としての経験を持つホルト(1982)は、すべての子どもたちは生まれながら聡明(intelligent)であるが、学校教育を受けることで、子どもたちは教師の承認を得ることや、自分で考えることよりも正しい答えを求めることのみに集中してしまうため、その本来持っている聡明さを失ってしまうと説いた。イリッチ(1971)は、教育を学校だけが行うことができるとする考え方や制度を批判した。教育が「受け取って当然のサービス」となると、子どもたちは、教授されることのみが学習することと考えてしまうようになり、教育の「学校化」が起こると論じた。その結果として、子どもたちの自立性や想像力が失われていくと説き、「脱学校論」を提唱した。なお、ホルトは1971年にイリッチとの交流をきっかけに大きな影響を受け、「脱学校」の具体的な解決策としてホームスクールによる学びの仕組みを導き出した。そして、ホルトとイリッチの共通した「学校」への批判的な姿勢に共感したアメリカの人びとは、ホームスクールなどのオルタナティヴスクールを広めていったのである。

　第二の宗教的な社会運動を支えていたのは、ホルトの友人である心理学者のレイモンド・ムーアである。ムーアはキリスト教の一派であるセブンスデー・アドベンチストの一員であり、子どもを教育する権利は親にあるという聖書の教えに従ってホームスクールを推進した。ムーアに影響されたキリスト教保守派の人びとは、ホームスクール運動を推進する中核となっていった。

　アメリカのホームスクールは、キリスト教との関係が深い。多民族国家であるアメリカでは、学校にさまざまなマイノリティ集団の子どもたちが在籍する。それは、キリスト教保守派の考え方とは異なる宗教観が、主に公立の学校で教えられることを意味する。マイノリティ集団の子どもたちが学校に入ることで、キリスト教保守派の人びとは自分たちの神が学校から追い出されてしまうと感じることとなった[6]。その追い出された神を求めて、キリスト教保守派の人びとは公立の学校を去っていった。しかし、彼らは学校を去ってすぐにホームスクールを始めたわけではなく、キリスト教の学校を作ることから始めた。American Association of Christian Schools(米国キリスト教学校協会)などのキリスト教の学校が、主に1970～1980年代の間に建てられているのには、このような背景があった。しかし、少数のキリスト教保守派の親はこの代替策を受け入れられなかった。その理由には、「私立学校の授業料を払う余裕がない」、

「聖書は親が子どもを直接教育することを指示している」、「とくに母親は単純に子どもと多くの時間を過ごしたいと考えている」といったものがある。こうして、一部のキリスト教保守派の人びとはホームスクールに挑戦し始めたのだった（Gaither2008、pp.107-110）。

　以上のことから明らかであるように、ホームスクール運動を支えていた人びとは2つの目的別グループに分類できる。1つめは、ホルトの系譜をひく「オルタナティヴな教育」を求める人びと、2つめは、ムーアの系譜をひく「宗教的理由」からホームスクールを行う人びとである。また、ホームスクール実践者は主に2つの団体を組織し、次にそれらの団体は個々のホームスクール実践者を支援したため、結果的にホームスクール運動が大きく飛躍したのである。ホルトの系譜をひく団体である全米ホームスクール協会 (National Home School Association) と、ムーアの系譜をひくホームスクールを支援する団体であるHSLDAの2つの団体である。HSLDAは全米で最大のホームスクール団体であり、ホームスクールに関する法律問題を解決することが主な役割である。HSLDAは、ホームスクールの調査や情報収集・発信を行っている機関であるNational Home Education Research Institute（以下、NHERI）などの組織と連携を図り、保守派キリスト教徒のホームスクールの発展に寄与している。ホームスクールが全ての州で、法律で認められるようになるまでには、これらの団体のサポートが不可欠だったといえる（長嶺2003）。

2.3　アメリカにおけるホームスクールの選択理由

　上記のように、アメリカのホームスクール運動は2つの異なる志向を持つグループによって進められていたが、Ray(2018)の調査によると、ホームスクールを選ぶ理由は実際には多岐にわたる。例えば、子どものレベルや目標に合わせてカリキュラムやスケジュールが組めること、親の宗教や信条にあった教育ができること、いじめや薬、暴力といった学校で起こりうる脅威から子どもを守れることなどが挙げられている。子どもが学校制度や環境に馴染むことができないため、といった理由は少数である。多くの親が、ホームスクールは子どもの気持ちを汲み取って選択していると主張するが、上記の選択理由からは親による選択であることが伺える。

　アメリカのホームスクール運動の歴史をたどると、宗教が大きな背景にあることは既に示したが、家庭を対象とした教育に関する全米調査プログラム

(National Household Education Surveys) によると、2012年度のホームスクール選択理由の第一位は、「既存の学校の環境への心配」であり、「宗教的理由」は第四位まで下がっている (Redfordほか2016、pp.11-12)。「既存の学校の環境への心配」には、安全面や薬物、同調圧力などを含むが、それ以外にも、アメリカの公教育には格差などのさまざまな問題がある。

「自由と平等の国」と称されるアメリカであるが、平等に対する価値観は日本のそれとは大きくかけ離れており、公教育の機会均等は実現されておらず、学校によって施設やカリキュラムにまで格差が生まれてしまっている[7]。「アメリカの極めて断層化された学校システムは、確かに『無限の可能性』を売りにするものの、それは『低い確率』という条件付きであり、教育の機会均等からはほど遠い (鈴木2016、pp.53-54)」という。つまり、選択肢を多く設けることで教育の機会均等を可能にしていると考えられているが、実際にはその機会を有効に活用できるのは、限られた一部の富裕層であり、貧困層の子どもたちに選択肢はない。また近年、公教育に営利企業が参入する事例が多くみられ、公教育の格差の問題をさらに助長させる結果が増えている。例えば、本来は公教育であるチャータースクールの中には、企業から多額の援助金を受け取り、営利団体へと変貌している例も見られる (鈴木2016)。このように、アメリカの公教育には、いじめや薬、暴力といった教育上悪影響な学校環境だけでなく、貧富の格差や公教育の市場化といったさまざまな問題を抱えており、ホームスクールが広がりつつある理由になっている。

2.4　アメリカのホームスクール経験者の声

この節では、アメリカに住むホームスクール経験者のエマとオリビア、ソフィアに対するアンケート調査の回答を、考察する[8]。調査当時彼女たちは大学生であった。調査対象は3人と少ないが、一人ひとりの育った環境や価値観は異なっており、ホームスクールの多様性を明らかにすることができた。質問は11問にわたるが、本論文では、アメリカのホームスクールの特徴を明らかにした質問2［ホームスクール選択理由］の回答を紹介する。

エマは、［ホームスクール選択理由］に対する理由として宗教的理由は記しておらず、親が学校の決め事に納得できないことがあったことと、自分が学校を楽しめていなかったことを挙げた。追加で確認したところ、宗教的理由でホームスクールを始めたわけではない、ということだった。オリビアがホームスクー

ルを行うことは、母親が決めた。母親は、「自分の子どもたちは、同年代の子どもたちよりも既に多くのことを知っているため、学校で退屈な時間を過ごしてほしくない」と思い、ホームスクールを始めたという。しかし、学校に行く経験と、もっと社会的な交流をしてほしいという母親の希望により、彼女と弟は一度公立の小学校へ通った。引っ越しなどの事情により約1年で学校通学を終えたが、最終的には、母親が学校のシステムに疑問を感じてホームスクールを続けることに決めた。オリビアの近所の学校は、生徒の間での喧嘩や薬物使用といった問題を多く抱えており、このことがホームスクールを続けた理由のひとつとなっている。ソフィアは生まれてから高校を卒業する年齢である18歳までの間、ホームスクールで育った。両親が厳格なキリスト教徒であり、宗教的理由からホームスクールを行っていた。

　ホームスクールの選択理由は様々であったが、共通していることは、ホームスクールの選択に親の意思が強く影響しているという点である。

2.5　アメリカのホームスクールの社会的及び制度的特徴

　以上の節のまとめとして、アメリカのホームスクールの特徴5点を以下に示す。

● 特徴1：アメリカのホームスクールは法律で認められた教育形態である（制度的保障）。
● 特徴2：アメリカには宗教教育を目的にホームスクールを選択している人びとが多くいる（宗教的理由）。
● 特徴3：アメリカでオルタナティヴな教育を求める背景には、アメリカの公教育に格差などのさまざまな問題がある（公教育の問題）。
● 特徴4：アメリカには、ホームスクールの発展を支える全国的組織、地域ごとの教会、そしてホームスクールグループなどのさまざまな中間集団がある（全国的組織や中間集団の存在）。
● 特徴5：多くのホームスクールが親の意思によって選択されている（親の意思の重要性）。

　このように、アメリカのホームスクールは、独自の歴史的・社会的背景から生まれて、今日まで発展し、制度的特徴を持つに至った。したがって、その様な歴史的、社会的、制度的な背景や特徴を十分に考慮せずに、日本とアメリカのホームスクールの現状や課題を単純に比較検討することは、妥当性に欠ける結論につながるおそれがあるのである。本論文では、アメリカのホームスクールの背景や特徴を踏まえた上での比較の視点から、日本のホームスクールの現

状と課題を明らかにする。

3. 日本のホームスクール

3.1 日本のホームスクールの動き

　日本のメディアで、ホームスクールという用語が使われ始めたのは1995年以降である[9]。それ以前も「ホームスクール」という用語が使われることはあったが、学校に通わず主に家庭で学ぶという現在の意味合いを持って使われるようになったのは、1995年以降である[10]。不登校児童生徒数が激増していた当時の日本では、関心を寄せた多くの親にとって主に「家庭」で学ぶというアメリカのホームスクールが魅力的に映ったと思われる。当時、ホームスクール実践者は増えていくだろうと予想されていたが、実際どれほどのホームスクーラーがいたのか、また現在でもどのくらいの該当者がいるのかを明らかにした正式な統計は存在しない[11]。その理由としては、不登校児童生徒とホームスクーラーは外からみたら見分けがつかないうえに、ホームスクールを実践していることを公表しない家庭や、ホームスクールを実践しているにもかかわらず、そうとは自覚していない家庭も存在するためだ。「ホームスクール」という用語の認知度もいまだに低く、学校教員でさえ聞いたことがなかったり、不登校との違いがわかっていなかったりするケースは多い。

　しかしながら、近年インターネット上では、ホームスクール関連団体の動きに変化が見えてきた。日本ホームスクール支援協会 (Homeschool Support Association of Japan 以下、HoSA) は、2017年にホームスクール実践者が理事に加わり、ホームスクールに関する情報提供などの活動を積極的に行っている。2018年の春にはホームスクール実践者により、ホームスクーラーやホームスクール関連団体がどこにいるのか分かる「ホームスクーラーマップ」が作成され、すでに110人のホームスクーラーが登録している (2018年12月23日時点)[12]。Facebookやブログを通じての交流も盛んになっており、ホームスクール実践者・ホームスクーラー同士の交流会の開催も増えてきている。またNHK Eテレで放送された「ウワサの保護者会　シリーズ不登校〜学校に行かない学び方〜 (2018年1月27日放送)」では、学校以外の学び場のひとつとして、家庭を中心に学ぶホームエデュケーションが紹介されている。このように、メディアにも取り上げられるようになってきており、ホームスクールは確実に広がりを見せている。現在日本にはホームスクールに関する法律はないが、「普通教育機会

確保法」が2016年に成立したことにより、学校外の教育の重要性は高まりを見せ、ホームスクールは日本においても無視できない教育形態になってきている。

3.2　質問紙調査とインタビュー調査の概要

　質問紙調査は、日本のホームスクールの全体像の把握を目的として、Google formを通じて行った。回収した回答数は42家庭であった。地域別の内訳は、北海道2、関東地域23、中部地域3、近畿地域5、中国地域1、九州地域7、海外在住者1である。日本におけるホームスクール実践者の全数が不明ではあるが、回答者数が42家庭では、十分なサンプル数が得られたとは言えず、日本のホームスクールの一般論を述べることは難しい。また、回答者は、質問紙に回答する意思を持ち実行したということから、比較的ホームスクールの実践に関心が強いであろうと想定できることも念頭に置く必要がある。アンケートでは、子どもの学年やホームスクールを開始した時期といった基本的な事項や、ホームスクールの選択理由、学校との関係、ホームスクール団体への所属について、ホームスクールをしていて良かったこと、悩んでいること、大切にしていることなどを中心に質問した。

　インタビュー調査は、質問紙調査の結果からは見えてこない、実際のホームスクールの実践の詳細な現状と個々の具体的な課題の把握を目的に、インタビュー調査として実施した。質問紙調査協力者、また雪だるま式サンプリングで協力者を募った。インタビュー回答者数は26名であった。回答者の居住地は、北は北海道、南は沖縄県であり、さらには韓国でホームスクールをしている日本人も含む。主に質問紙調査票をもとにした半構造化インタビューで、どのような経緯でホームスクールを選択するに至ったのか、学校とのやり取り、日々の過ごし方や、ホームスクールに変えてからの心身の変化などを中心に質問した。また、ホームスクーラーと実践者たちが集まる「ホームスクーラーお出かけ会」に2回（2018年8月23日と10月4日）参加し、そのときの会話も参考にした。

3.3　調査結果

　本論文では、第2章5節で提示したアメリカのホームスクールの5つの特徴と対比し、日本の特徴にあたる調査結果を紹介する。

3.3-1　不登校とホームスクール

　質問紙調査で得られたホームスクールの特徴として、日本において親がホームスクールを選択するきっかけは子どもの不登校が多いということが分かった。問4［ホームスクール選択理由］では30家庭（回答者数の71%）が「子どもが不登校になったため」を選択した。文部科学省が公表した2017年度「児童生徒の問題行動・不登校等生徒指導上の諸課題に関する調査」によると、小・中学校の不登校児童生徒数は14万4031人に上っており過去最多となった。上述したように、ホームスクーラー人口の統計は取れていないが、ホームスクール選択理由として子どもの不登校がきっかけという回答が多いのは、不登校児童生徒数が増加している日本ならではの結果といえるだろう。

　インタビュー調査からは、ホームスクールをはじめたきっかけは大きく分けて3つのケースがあることが分かった。ケース1は「子どもが不登校になった」、ケース2は「親が多様な教育に興味関心が強かった」、そしてケース3は「子ども自身が選択した」である。

　ケース1「子どもが不登校になった」は質問紙調査の問4［ホームスクール選択理由］からも明らかになっている。インタビュー調査によって、不登校の理由は主に、一斉授業や集団行動が合わないといった学校のカリキュラムと子どもの個性の不一致・人間関係での悩み・いじめなどから心身に不調が出たことであるとわかった。きっかけとして不登校を挙げた人は26名中20名にのぼった。

　ケース2の「親が多様な教育に興味関心が強かった」は、質問紙調査の問4［ホームスクール選択理由］で2番目に回答の多かった「学校教育に対する不満があったため」と関係がある。

　ケース1の「子どもが不登校になった」は、一見すると消極的な選択に当てはまると考えられる。しかしながら「選択肢がホームスクールしかなかった」と明言した人は3名であり、同じようなニュアンスの意見を入れても、「消極的な選択」に当てはまる人は多くても6名しかいなかった。つまり、子どもの不登校がきっかけで始めた親の7割が、「消極的な選択」と「積極的な選択」が混在していたと言え、選択の積極性の程度は単純ではなく、グラデーションがあることが確かめられた。

　ケース2の「親が多様な教育に興味関心が強かった」と明言した人は4名であったが、子どもの不登校がきっかけで始めた親の7割以上が、ケース2の親と同様に不登校になった早い段階でホームスクールへと意識を切り替えていた。

つまり、「積極的な選択」の意識へと近づく、または切り替えが行われたと考えられる。

　一方で、意識を切り替えるのに時間がかかった親もいる。学校に通うことを当たり前とする「既存の価値観」を手放せない、または手放せない人びとの意見に捕らわれてしまっていたと思われる。親の意識の切り替えと、子どもの意識の切り替えは同時に起こるものではない。不登校になった子どもたちの中には学校での経験により、深い傷を受け、自分を認めることに相当の時間を要したという子もいる。ホームスクールへと意識を切り替えるまでの経緯は家庭によって異なる。

　東京シューレ代表の奥地は、ホームエデュケーションは「家庭」が、教育実践活動の軸を担っている概念であり、家庭を子どもの成長の場として位置づけて、肯定的にとらえていく教育の在り方であるとしている。一方、不登校は「登校」が軸にあり、学校復帰を願い、不登校の状態に対し否定的な感情を持っているとし、その意識の差がホームスクールと不登校の違いであると述べている（NPO法人東京シューレ編2006、p.24）。つまり、ホームスクールへと意識を切り替えることができず、不登校の状態を否定的に捉えている場合は、ホームスクールを実践しているとはいえない。上記のインタビューからもわかるように、学校に行っていない子どもの受容ができているか、さらに学校に通わせなくてはいけないという「既存の価値観」を捨て、消極的に「家でもいい」、または積極的に「家がいい」と思えているかどうかが、ホームスクールと不登校を分けるものとなっている。さらに、子ども自身が「学校に行っていない自分を受容」できていることも、ホームスクールの実践においては大事なことである。

　ケース3は、質問紙調査の問4［ホームスクール選択理由］でも5名が回答していた「子ども自身が選択した」である。「ホームスクールお出かけ会」（2018年10月4日開催）に参加していた小学生の男の子も自ら学校をやめる選択をしたという。親は子どもの声を聞いて、学校に通うことが当たり前という、既存の価値観を疑い始める。

　改めてまとめると、ホームスクールの選択のきっかけは大きく分けて3つのケースがある。ケース1「子どもが不登校になった」、ケース2「親が多様な教育に興味関心が強かった」、そしてケース3「子ども自身が選択した」である。ケース1と3からわかるように、日本のホームスクールの特徴として、「子ども発」ホームスクールが多いことがいえよう。第2章でも見てきたように、アメリカ

では親の信条や想いなどからホームスクールを始める「親発」のホームスクールが一般的であるが、日本では子どもが不登校になったり、子ども自身が学校に疑問を持ったりするなど、子ども自身の言動が発端となりホームスクールが検討される「子ども発」のケースが多い。

3.3-2　学校教育への視点

　質問紙調査において、ホームスクールの選択理由として「学校教育に対する不満があったため」を選んだ人は、「子どもが不登校になったため」に続いて多い結果で、19家庭（回答者数の45%）が選択している。どのような不満であるかは具体的に尋ねていないが、問13［ホームスクールをしていて良かったこと］への回答からは、ホームスクールでは得られ、学校では得られなかったものが見えてくる。最も多かったのは「学びに対して能動的・主体的になった」という回答であった。裏を返せば、学校にいたときは、子どもたちの学びに対する能動性や主体性が失われていたことを意味する。つまり、イリッチの指摘する教育の「学校化」に対する不満である、と捉えることができる。

　インタビュー調査からは、学校教育に対する不満が具体的にどのような不満なのかが聞こえてきた。

　　学校は、先生の言うことを素直にきく子がいい子で、自分で正しいか正しくないか考えられなくなってしまうところ。みんな一緒が大事。

　　自分自身、真面目な子だった。大学も出たんだけれど、言われたことやマルバツ式のことしかできなくて、想像力が全然ないってことに気付いた。

　　自分の子どものころとか思い出してみても、学校行って結局勉強嫌いになっちゃったなぁとか、自分のやりたいこととかわからなくなっちゃったなぁっていうのがあって。洗脳されちゃうんだよね。

　これらのインタビューは、イリッチの指摘した教育の「学校化」を描き出している。「学校化」とは、「先生の言うことを素直にきく子」は学校で良い評価を得られ、子どもたちがその評価を得ようとすることで、自分たちの個性を失っていくことである。そして、「やりたいことがわからなく」なってしまい、先

生の言うことをきく「真面目な子」は、いつの間にか「想像力」を失っていく。親たちは「学校化」によって子どもたちから奪われた、学びの自主性や個性、想像力の重要さを理解しているからこそ、ホームスクールの実践を選んだのである。

　インタビューからは「隠れたカリキュラム」の影響が、さらなる学校の問題点として浮かび上がる。「隠れたカリキュラム」とは、学校教育において明示されていない、暗黙のうちに教授・学習されるカリキュラムである（刈谷ほか2010、p.294）。子どもたちは学校で、テストや授業態度から成績をつけられる。成績が子どもたちに与える影響は両義的であるが、その評価を基準に自分や他者を判断し、自信を失ったりするようになる可能性もあるのである。つまり、子どもたちは無意識のうちに人を評価する物差しとして、成績を利用する傾向があるということだ。また、評価を良くするためだけに努力をしたとすると、結果的に「学校化」の思考に陥るのである。

3.3-3　家庭での過ごし方

　ホームスクーラーは学校に行かない時間をどのように使っているのか。それは子どもの年齢や性格、ホームスクールを始めたきっかけとも関わってくるものであるが、ゲームや動画視聴、ものづくりなどの創作活動、料理や家事の手伝いをしているという声が多く上がった。

　勉強に関しては、「学校でやるような教科勉強はあまりしていない／まったくしていない」と答えた人が多かった。筆者が参加したホームスクールお出かけ会（2018/8/23開催）で出会った母親たちも同様なことを語っていた。

　　ホームスクールしている、とは言えないの。だって勉強なんて全然していないからさ。どちらかというと、アンスクーリングしているって感じ。

　「アンスクーリング」とは、子ども主体の学びに価値を置く教育の手法である。親は、子どもの興味関心に寄り添い、その学びの環境を整えるといった手助けをするというものだ (Brumund2018)[13]。

　実際に今回の調査では、アンスクーリングの考えのように、子どもの気持ちが向いたときに勉強を始めさせるというケースが多かった。興味の伴わない勉強に懐疑的な見方を持ち、アンスクーリングを行う家庭が多いのは、教育の「学

校化」に対する批判的な思いがあるためだ。教科学習を含む勉強をしているホームスクーラーもいるが、その学びの多くは親による強制ではなく子どもが望んでいるという面からみれば、今回のインタビュー協力者の多くがアンスクーリングであるといえる。

3.4 日米のホームスクールの比較

本節では、第2章5節で提示したアメリカのホームスクールの5つの特徴を日本と対比して比較する。

特徴1は、制度的保障についてである。アメリカのホームスクールは、法律で認められている教育形態であるため、アメリカはホームスクールを行う基盤が整っているといえる。それに対し、日本にはホームスクールに関する法律はない。文部科学省はホームページに「各国におけるフリースクール・ホームスクールと義務教育との関係」を表にまとめているが、「フリースクール、ホームスクーリングと教育義務・就学義務との関係」という項目の日本の欄には、ホームスクールに関する記載は一切ない。それだけでなく、「義務教育を学校以外で行うことは認められていない」という、ホームスクールを認めない旨が記載されている。しかし、日本の義務教育の義務とは子どもが学校に通う義務ではなく、おとなが子どもの学ぶ権利を保障する義務であるため、ホームスクールは憲法に違反していないという見解もある（NPO法人東京シューレ編2006、p.50）。ホームスクール実践者はこの見解に沿って、ホームスクールを実践しているが、現状では法的な裏付けを欠いた環境のもとでの実施に留まっている。

特徴2の宗教的理由であるが、アメリカでは、宗教教育を目的に、特にキリスト教保守派の人びとがホームスクールを選択している。日本にも宗教的理由からホームスクールを実践している人は存在しているが、キリスト教徒の割合は日本の総人口の約1%しかいない[14]。日本のホームスクール人口のうち何割が宗教的理由から行っているかは定かではないが、日本におけるキリスト教徒の割合から考えても、多くはないと考えられる。今後は、本調査に協力してくれた実践者たちのインタビュー結果が示すように、日本のホームスクール実践者には、ホルトやイリッチと同様な思想を持つ人びとが増加すると考えられる。

特徴3は、公教育の問題についてである。アメリカでホームスクールなどのオルタナティヴな教育を求める背景には、公教育に格差などのさまざまな問題があることを示した。それらの問題は、多民族国家ゆえの人種差別問題や、校

内暴力や薬物の使用問題、また営利企業が公教育に参入するといった市場化によってもたらされた公教育の格差拡大の問題などに基づいている。日本においても公教育への不満がホームスクール実践理由として多く見られたが、アメリカとは問題の内容が異なる。日本においては、「空気を読む」といった言葉に表されるような学校での人間関係の息苦しさや、教育の「学校化」による子どもの個性や主体性の喪失が主な問題の原因として考えられる。

　特徴4は、全国的組織や集団の存在についてである。アメリカでは前述のようなHSLDAやNHERIといった全国的組織が存在しており、州ごとの法律のもとでのホームスクールの実践に関することなど、ホームスクールの実践に関するサポートが行き渡っている。また、各地の教会やホームスクールグループなどが中間集団の役割を果たし、ホームスクール家庭同士を繋いでいる。日本にはHSLDAやNHERIのような強力な全国的組織はまだないが、HoSAやホームシューレなどの全国的なNPO団体が存在し、徐々に影響力を強めている。また、ホームスクーラーマップやホームスクールに関するブログ、メーリングリストなどを運営する個人も存在しており、ホームスクールはSNSを活用し、地域または全国において着実に広がりを見せている。

　特徴5は、親の意思の重要性についてである。アメリカでは、宗教的理由や公教育への不満から、親がホームスクールを選択して実践している場合が多く、親の意思によって選択される傾向が強い。それに対して日本では、親の興味関心といった理由よりも、子どもの不登校がきっかけであったり、子ども自らが選択したりと「子ども発」のホームスクールが多いことが明らかになった。親の興味関心からホームスクールを始めた場合であっても、子どもが学校に行きたいと言えば学校に通わせるなど、親に子どもの意思を尊重する姿勢が強く見られる。つまり、「子ども発」が多い日本のホームスクール実践者の「子どもの自己選択を尊重」する度合いは、アメリカの実践者よりも強いということだ。ただし、このことは反面、日本のホームスクール実践者の主体性がアメリカに比べて弱いともいえる。

　以上のように、アメリカと日本のホームスクール実施における社会的、制度的な特徴を比べてみると、このようにさまざまな違いがあることが分かった。

　加えてもう一点、日本のホームスクールの特徴を述べる。アメリカでは、一般的に州で決められた義務教育期間の中でホームスクールを実施している。しかし、日本においては、質問紙調査の問2で［ホームスクーラーの学年］を尋

ねたところ、義務教育期間外（就学前と高校生以上）の子どもが9名いた。このことは、日本のホームスクールの2つの特徴と関わりがある。1つめは、前述した特徴1であるが、日本にはホームスクールに関する法律はなく、実施に関する規則がないために、ホームスクールの期間が決まっていないということだ。そして2つめは、日本のホームスクールはアンスクーリングの考えを持つ実践者が多いということである。アンスクーリングでは子どもの興味関心が発端となり学びが始まるため、学校のように学年や年齢で学ぶものが決まっていない。子どもによって、その興味関心が起こる年齢や対象は異なる。さらに時間の自由があるホームスクールでは学校のような時間割は存在せず、学校のようにチャイムが鳴ることにより学びを止める必要はない。アンスクーリングの考えを持ったホームスクール実践者が多いために、義務教育期間という枠を越えて、日本にはさまざまな年代のホームスクーラーが存在しているのである。

4. 結論―日本のホームスクールの現状と課題

　日本でホームスクールが行われるきっかけの多くは「子ども発」であり、アンスクーリングの考えを持つ家庭が多いことが分かった。家庭によっては学区の公立学校や、フリースクールなどのオルタナティヴスクールを利用するなど、その教育スタイルはさまざまである。ホームスクールを始めるきっかけが「消極的な選択」であれ「積極的な選択」であれ、実践を積み重ねる中でその姿勢は積極的なものへと変わっていく傾向にある。それゆえに、「消極的な選択」からのスタートであっても、ホームスクールを肯定的に捉えている実践者が多く見受けられた。日本のホームスクールは、フリースクール同様、不登校の受け皿と捉えられることもあるが、実践者自身にとっては「教育の選択肢のひとつ」であった。それは、社会的にホームスクールが受け入れられて、法制度が整っているアメリカと同様の考え方である。また、日本のホームスクール実践者の多くは、イヴァン・イリッチの提唱した教育の「学校化」を危惧しており、そのことが実践を続ける理由になっている。それゆえに、学びへの自主性や個性を重んじ「子どもの意思を尊重する」ことを大切に考えている。つまり、多くのホームスクール実践者は、ホルトやイリッチのような志向を持っていることが明らかになった。

　日本のホームスクールの課題としては、「ホームスクールの認知度の向上」と「情報共有の活性化」が挙げられる。質問紙調査の問14［ホームスクールを

行う上で悩んでいることや困っていること」の回答には、「周囲の無理解」や「将来への不安」がいくつか挙がっていた。学校とのやり取りにおいても、ホームスクールへの理解の無さから苦労したという話が聞かれた。このことからも認知度の向上にもつながる「情報共有の活性化」が重要であろう。既にホームスクール実践者たちの中には個人のブログやネットワークを立ち上げ、繋がりを生み出している者もいるが、今後更なる情報共有がホームスクールの発展にとっては有効であると思われる。

【注釈】

1. Brian D.Ray は"Research Facts on Homeschooling"にホームスクールの概要、選択理由や選択者の社会的地位などについて記述している。このリサーチ結果は、同じタイトルで毎年、または数年ごとに更新されており、新たな情報が加筆されている。確認している限りでは、2006年時点では、世界各地でホームスクールが広がっていることは書かれていたが、具体的な国名は挙げられていなかった。2013年には、日本を含む国の名前が挙げられるようになっている。

2. チャータースクールは、各州の教育法(チャータースクール法)に基づき設置される公立学校であり、公費によって運営される。一般の公立学校が、州の下に置かれた初等中等教育行政専門の地方政府である学区によって設置されるのに対して、チャータースクールは、父母や企業、教員グループなどが、それぞれの教育理念を実現するために設置主体となって、教育法に定められたチャーターの認可機関(主に州や学区の教育委員会)との契約(cherter)に基づき設置運営するものである。原則として通常の公立学校を対象とする州や学区の規定が適用されなくなるため、自由な学校運営、独自の教育課程の提供、通学地域を超えた児童・生徒の受け入れが可能であるが、教育成果(在学者のテスト得点等)や学校の財務状況に関する定期的な監査が行われ、契約で交わされた成果を上げることができない場合は契約が取り消され、閉校となる場合もある。(文部科学省2009、p.45)

3. Table 206.10. Number and percentage of homeschooled students ages 5 through 17 with a grade equivalent of kindergarten through 12th grade, by selected child, parent, and household characteristics: Selected years, 1999 through 2016

(NCEShttps://nces.ed.gov/programs/digest/d17/tables/dt17_206.10.asp 最終閲覧日2018年12月23日)

4. Ray(2018)は、2016年春の時点でアメリカには230万人のホームスクーラーがいると報告している。調査機関によっては調査結果に大きく違いが見られているが、ホームスクーラー人口が着実に増加していることはいえる。

5. ホームスクールが学校と同様の地位を認められていない場合、大学に進学する際に General Educational Development(GED)という、後期中等教育の課程を修了したことを証明するテストを受ける必要がある場合もある。(A2Z Home's Cool https://a2zhomeschooling.com/teens/ged_homeschool/ 最終閲覧日2018年12月23日)

6. "put the Negroes in the schools-Now they put God out of the schools"（原文のまま）(Gaither2008,p.107)

7. アメリカの多くの州では、固定資産税が教育予算の主要な財源となっているため、地価の格差がそのまま公教育の予算の不平等へとつながる。トイレットペーパーといった基本的な設備さえもままならず、各家庭が学校に資源を持って行かなくてはならないというケースもある。また、2001年に連邦教育法のNo Child Left Behind Actが教育格差の是正を目的に制定されて以降、学校存続がかかっているためにテスト科目が重視され、体育や音楽といった授業が開講されない学校もある（鈴木2016、pp.47-57）。

8. このアンケート調査は筆者が卒業論文のために2016年に行ったものである。アンケートはメールで送付し、回収した。なお、名前はすべて仮名である。

9. 朝日新聞データベースを参考にしている。ただし、ホームシューレの設立は1985年であり、1995年以前にもホームスクールを実践している人びとはいた。

10. 朝日新聞データベースによると、1986年12月7日の朝刊で初めてホームスクールという用語が紙面に表れたが、これは塾の名前に使われたものであった。その後もフリースクールの名前に用いられるなどして、何度かホームスクールという言葉が見られた。1996年4月22日の朝刊「不登校児の教育の機会を広げよう　木村恵子（論壇）」でアメリカのホームスクールについて書かれており、朝日新聞では初めて現在の意味合いと同じ「ホームスクール」が紙面に登場した。

11. 奥地圭子氏の推定では2000年のホームスクーラーの数は2〜3千人であり、それは多く見積もっても、全国の不登校者数の2.3%であった。（吉井2000, p.59）

12. ホームスクーラーマップ https://www.google.com/maps/d/viewer?ll=38.36304542091159%2C139.28946612363666&z=6&mid=1ZHzTXcXchUKOlGvRKp2XNtOguY-CtnM9

13. アンスクーリングとは、ホルトが作った言葉であるといわれている。ホルトによって創刊され、1977年から2001年まで出版されていたホームスクールのためのニュースレター"Growing Without Schooling"には、ホルトのアンスクーリングの哲学が記述されていた。（Farengaほか編2016）

14. 2016年12月31日時点の日本のキリスト教信者の数は191万4196人であった。（文化庁による2017年度版の宗教統計調査
http://www.bunka.go.jp/tokei_hakusho_shuppan/tokeichosa/shumu/index.html
最終閲覧日2018年12月23日）

【引用文献】

Brumund, Eileen.(2018) UNSCHOOLING: A Practical Guide, [Kindle DX version]. Retrieved from Amazon Services International, Inc.

Farenga, Patrick L, and Carlo Ricci. eds. (2016) Growing Without Schooling: The Complete Collection, Volume 1. Holtgws LLC.

フリースクール全国ネットワーク・多様な学び保障法を実現する会編(2017)『教育機会確保法の誕生　子どもが安心して学び育つ』、東京シューレ出版.

Gaither, Milton. (2008) Homeschool An American History. Palgrave Macmillan.

秦明夫 (1999)「ホームスクールの意味と問題性 (上)」、『学校経営』、44(10)、pp.87-91.

Holt, John. (1982) how children fail. Merloyd Lawrence.(大沼安史訳(1987)『教室の戦略：子どもたちはどうして落ちこぼれるか』、一光社.)

Illich, Ivan. (1971) Deschooling Society. Harper & Row. (東洋・小澤周三訳(1977)『脱学校の社会』、東京創元社.)

苅谷剛彦・濱名陽子・木村涼子・酒井朗著(2010)『教育の社会学　〈常識〉の問い方、見直し方』、有斐閣アルマ.

文部科学省(2009)『諸外国の教育動向2008年度版』、明石書店.

長嶺宏作(2003)「アメリカにおけるホームスクーリング運動の成長と変容-ホームスクール支援団体の理念と活動分析を中心として」、『比較教育学研究』、29、pp.114-132.

NPO法人東京シューレ編(2006)『子どもは家庭でじゅうぶん育つ　不登校、ホームエデュケーションと出会う』、東京シューレ出版.

Ray, Brian D.(2018)Research facts on homeschooling. National Home Education Research Institute.

Redford, Jeremy, Danielle Battle, Stacey Bielick, and Sarah Grady. (2016)Homeschooling in the UnitedStates: 2012. National Center for Education Statistics.

鈴木大裕(2016)『崩壊するアメリカの公教育　日本への警告』、岩波書店.

吉井健治(2000)「日本におけるホームスクールの可能性と課題：ホームスクールの一事例を通じて」、『社会関係研究』、6(1/2)、pp.55-76.

〈Webサイト(いずれも最終閲覧日2018年12月23日)〉

朝日新聞記事データベース　聞蔵II　HP　https://database.asahi.com/index.shtml

A2Z Home's Cool HP　https://a2zhomeschooling.com/

文化庁HP　http://www.bunka.go.jp/

e-Stat政府統計の総合窓口　HP　https://www.e-stat.go.jp/

Homeschooler Map(ホームスクーラーマップ)
https://www.google.com/maps/d/viewer?ll=26.290443859982208%2C-177.01442829999996&z=-1&mid=1ZHzTXcXchUKOlGvRKp2XNtOguY-CtnM9

Home School Legal Defense Association (HSLDA) HP　https://www.hslda.org/

Home Shure HP　http://www.homeshure.jp/index.html

文部科学省HP　http://www.mext.go.jp/

National Centerfor Education Statistics (NCES)　HP　https://nces.ed.gov/

National Home Education Research Institute (NHERI)　HP　https://www.nheri.org/

日本ホームスクール支援協会(HoSA)HP　http://homeschool.ne.jp/

東京シューレ　総合HP　http://www.tokyoshure.jp/

「親の教育の自由」の必要性についての考察
─教育権の所在論争を手掛かりとして─

| 加藤敦也（武蔵大学社会学部兼任講師）

1. 問題の背景

　文部科学省によると、2019年度の不登校児童生徒数は18万1342人に上り、調査を始めてから最多人数を記録したという。新聞報道によれば7年連続の増加となる。子どもの数が減っている状況の中で、不登校の児童生徒の割合が高くなっていることになる。

　最近の不登校急増の理由としては、2016年12月に制定された教育機会確保法の理念の浸透という背景も指摘されている。例えば、同法律は第13条の中で不登校児童生徒の「休養の必要性」を明記している。また、同法律の制定を受けて変更となった学習指導要領には不登校を「問題行動と判断してはならない」と明記されている。つまり、法律の制定と学習指導要領を見る限り、子ども一人ひとりの権利に応じて不登校を理解するべきという公的な理解が浸透しつつあると見ることもできる。

　他方で休息の権利が法律を通して一般にも認知されているものの、同法律の13条にある「学校以外の場において行う多様で適切な学習活動の重要性」という教育選択権に関わる理念については十分に認知されているとはいいがたい。ここで言われている学校外の多様な学習活動の場とは、フリースクールやホームスクールなどが例として考えられよう。つまり、認知が進んでおらず、権利保障が遅れている問題とは学校に通わない子どもたちの学びの権利保障である。

　本稿では、教育選択権を含む学びの権利の保障が進まない背景について教育権の論争を事例として考える。かつて不登校に対しては「就学義務違反」という偏見が根強くあった。しかし、いまは学校外での学びをいかに保障するかという意識が台頭し、学びの権利に対する意識が向上してきた。その意識は、不登校をめぐる権利侵害は教育に関わる公的資金が学校に独占されているために生じる問題という内容のものである。

　例えば、教育機会確保法の法案作成に取り組んできた多様な学び保障法を実現する会の共同代表の一人である奥地圭子は、「実現する会」の成立過程を振り

返り、2009年に「新法研究会」としてスタートしたこと、2012年の段階では「オルタナティブ教育法を実現する会」と名称を変えたことを記し、その当時は「一条校以外で学ぶすべての子どもの権利が拓けるようにしよう」(奥地2017：23) という主旨の骨子案を作成していたとする。ここでいう「一条校」とは学校教育法第一条に定められた学校の事であり、従って法案の元々の主旨は「学校教育のみでなく多様な教育を認め、公的に支援する道を仕組みとして作り、子ども・親が選べるようにする」(奥地2017：19) というところにあるとする。

　つまり、教育機会確保法によって提起されているのは公的資金の配分に関わる不平等の問題であり、この文脈においてはフリースクールやホームスクールに財政措置が講じられない状況を指す。こうした状況の改善がされないのは、憲法89条の問題もあるが、思想的課題の問題もある。それは、「親の教育の自由が公教育に一元化」(中川2013：233) されている状況を是認する思想の問題である。

　以上を踏まえて具体的には、子どもの教育への権利を考察の中心に置き、その権利を学校外で保障していく思想的基盤について、親の教育の自由という論点から考察したい。その過程で教育権の所在論争についても再確認する。より具体的には国家の教育権に対し、教師の教育権を唱え、親の教育権が専門家としての教師集団に委託されるとした「国民の教育権」論の批判的考察を行う。

2. 親の教育の自由の範囲

　西原博史が指摘してきたように、日本では親の教育の自由に関する権利意識が希薄である(西原2003)。親の教育の自由という観念が弱い場合、教育機関として学校を絶対善とする観念が強くなり、フリースクールやホームスクールのような学校外の教育を選択する自由が認められにくくなる。そもそも親の教育権は1966年に採択された国際人権規約社会権規約の第13条に規定されている。西原は社会権規約における親の教育権の規定を次のように紹介している。

　(社会権規約13条では)3項において父母などが『公の機関によって設置される学校以外の学校であって国によって定められ又は承認される最低限度の教育上の基準に適合するものを児童のために選択する自由』ならびに『自己の信念に従って児童の宗教的及び道徳的教育を確保する自由』を有することを認める。(西原2013：67)

ここでは、国際法においては親が学校外の教育を選択する自由と自らの信念に従って子どもの教育を確保する自由があるとされていることを確認しておきたい。この親の教育の自由は世界人権宣言と子どもの権利条約においても確認されている。また、有名な例ではあるが、アメリカの場合は州ごとに「公立と私立の学校のほかに、正規の学校の場以外で生徒を教育することも認めている」（McCarthy・Camboron-McCabe1987＝1991：33）という。樋口陽一は、その権利の根拠を次のように説明している。

　　アメリカの場合、修正一条が国教の樹立の禁止すなわち政教分離とともに言論の自由を含んでおり、それを根拠に、公立であれ私立であれ、親から子どもを教育する自由を取り上げて義務教育を強制するのは修正一条違反であるとの主張、あるいは民法でいう親権の行使を不当に妨害する違法なものであるとの主張があった。（樋口2009：90）

　その主張の具体例は、Wisconsin v. Yoder判決（406U.S.205[1972]）である。それはウィスコンシン州においてアーミッシュという特定宗派を信仰している親が宗教の指定に従って子弟を教育する自由を主張した判例である。その判例では、親の主張が認められた。つまり、欧米をモデルとして、公教育に対する私教育の自由を主張する思想的根拠は親の信教の自由を保障することにある。
　翻って日本の場合は、永井憲一と今橋盛勝が述べるように親の教育の自由が憲法上の人権として保障されるという歴史がなかった（永井・今橋1985）。永井と今橋は欧米の場合は、「近代社会における私教育の自由は、近代憲法の『思想信条の自由』の一つとしての国民の『教育の自由』から導き出されると考えられていた」（永井・今橋1985：92）という経緯があることを説明する。この歴史的文脈における親の教育の自由は「宗教の自由とつらなり、国民・宗教団体の『私立学校設置の自由』と、親の子に対する『家庭教育の権利』（後略）」（同）からなるという。すなわち、「親の教育の自由」は、「『国家の外での教育の自由』として、みずからの信念にもとづいてわが子を『教育する権利』（教育しない自由を含む）として現れるものであった」（同）と述べる。
　まとめると「親の教育権」と「宗教の自由」は憲法上の権利としてイギリスやフランスにおいては保障されていた。それに対し、日本の場合は欧米の公教育と比較して、「明治以来の日本の公教育の歴史と公教育制度」は私教育の自由を

持っていなかったとする。このような歴史があるため、日本社会は現行憲法においても、「親の教育の自由、教育する権利を明示していず、戦後の憲法学もこの問題を人権論としてほとんど論じてこなかった」（同:91）という問題があることを提起する。その問題は親権が教師に委託されるという教育権論の在り方に現れるとする（永井・今橋1985）。

　永井と今橋が「親の教育の自由」が看過されてきたことを問題視した背景には、1980年代に入り、学校における一般人権の侵害が社会問題になってきたことがある。言い換えれば、学校教師の生徒への人権侵害が問題視されはじめた。ここで、教育権の所在が再び問われることになる。次に教師の教育の自由を唱えた国民の教育権の成立過程を見ていくこととしよう。

3. 教育権の所在について

3.1　憲法制定後における教育権問題

　日本社会の中で教育権の所在が問われ始めたのは、1950年代後半のことである。日本は太平洋戦争終結後に日本国憲法を制定する。国民主権と基本的人権の尊重と恒久平和主義を基調とする日本国憲法の理念に倣い、準憲法的な特徴を持つものとして1947年に教育基本法が制定される。国家権力が教育を支配し、利用した結果、戦争が起こったという反省から教育基本法では行政権力からの教育の独立を理念とし、平和を希求する市民を作ることを目標とした。

　　日本国憲法においては第26条にあるように、教育を受ける権利が規定されることとなる。周知のように戦前においては、教育については憲法上の規定がなく、「天皇が議会からの拘束を受けることなく自分の意思で政令・命令を発することができる」（永井・今橋1985:22）勅令主義に基づいていた。例えば、学校教育制度は「小学校令」のように勅令によって定められていた。すなわち、「教育における勅令主義は、教育の主体を天皇および文部省などの公権力機関とし、国民は単なる教育される客体として位置づけられることを意味した」（永井・今橋1985:22）という。

　　このように戦前の教育は教育勅語にあるように天皇の命令に服従することを「臣民」の義務として強制するという特徴を持っていた。言い換えれば、「臣民としての子どもが臣民の父たる天皇の決めた『教育を受ける義務』を負う」（兼子1971:40）という特徴を持っていた。それに対し、太平洋戦争終了後に憲法・教育

基本法制が整えられると、以後は国民主権の枠組みの中で子どもに保障されるべき権利として教育が規定されたのである。すなわち、明治憲法における臣民の義務としての教育から、日本国憲法においては国民の権利としての教育へという具合に教育の枠組みに大転換が起こったのである。

　ところが1950年代に入ると、「逆コース」と呼ばれる民主化に反する一連の政治動向が生じる。急進左派が「レッド・パージ」の対象となったことに象徴されるように、日本は反共の防波堤と見なされ、警察予備隊や日米安保などの再軍備化構想が持ち上がることになる。1953年に「池田・ロバートソン会談」の中で「日本政府は教育及び広報によって日本に愛国心と自衛のための自発的精神が成長するような空気を助長することに第一の責任をもつ」ことが確認されたように、再軍備化構想において平和教育が障壁とされ、愛国心教育の唱導が始まることとなる。1958年に文部省が学習指導要領を「告示」化するのを筆頭例として、憲法・教育基本法制の理念に逆行するような国家権力（行政権力）の教育への介入が始まったのである。

3.2　家永教科書訴訟と「国民の教育権」論

　国家権力の教育への介入は1960年代に入り、一連の教育裁判及び運動の中で問題視されていくこととなる。その代表的な例としては、教員の勤務評定と全国一斉学力テストである。これらの例は、教師の教育を教育行政権力の統制下に置くという目論見としてとらえられた。例えば学力テストは学習指導要領の定着度を測るために実施されたという指摘があるが（兼子1971）、これは文部省が学習指導要領によって教育の内容を統制し、教師の教育の自由を奪うものとして批判されてきた（兼子・堀尾1977）。

　このように文部省による学校教育の統制に対して教師の教育の自由を唱えた学説を「国民の教育権」論という。西原博史は、「国民の教育権」論を1950年代後半から「学校教育に対する統制を強めていく文部省の姿勢に対抗して組み立てられた議論」（西原2003）であると紹介している。堀尾輝久の言葉を借りれば、教育権理論は、「1955年前後を一つの境とする教育体制の再編過程」における「上からの統制に対する抵抗」（堀尾・兼子1977：175）として登場したのである。言い換えると、例えば学校教育の場で君が代斉唱を推奨する愛国心教育の唱導を含め、教育行政による管理統制の強化に対抗する論理として教師の教育の自由を主張する「国民の教育権」論が登場してきたのである。

さて、「国民の教育権」論は1965年から始まった教科書訴訟を契機として、注目を浴びることとなる。教科書訴訟とは、高等学校日本史の教科書が検定不合格となったことをうけ、その執筆者である歴史学者の家永三郎が国を相手に起こした一連の裁判のことを指す。いわゆる「家永教科書裁判」と呼ばれる裁判である。

　この裁判は、南京大虐殺や七三一部隊の存在、また戦時性暴力などの戦争加害の記述に対する歴史修正主義的な検定が学問的な真理を歪め、かつ検閲に該当するという主張に関して社会的な関心を呼んだ。家永が述べるように戦前の教育は「反民主主義・非科学的思想・好戦主義」（家永1998：165）という特徴がある。歴史教科書検定は、日本国憲法の理念に逆行し、戦前の価値観に回帰するような特徴を伴っていたのである。

　この裁判を支援する運動の中で、当時の若手の学者として教育の自由を唱え、「国民の教育権」論の骨格を作ったのが堀尾輝久と兼子仁である。兼子仁は、家永教科書裁判を「国民の教科書作成の自由の存否を媒介に、憲法の教育条項である二三条および二六条解釈（教育権論）が主要争点となる教育憲法裁判」（兼子1998：276）だったと記している。

　1970年に第二次教科書訴訟に関して、杉本判決と呼ばれる有名な判決が下されることになる。杉本判決の内容は、検定が旧教育基本法一〇条に書かれてある行政による教育への不当な支配に当たること、および憲法第二一条第二項で禁止されている検閲に当たることを確認するものであった。また、杉本判決は、のちの教育裁判でも援用されることとなる「学習権」を確認した判決としても有名となった。

　学習権とは、発達可能態としての子どもの成長・生存・発達権を充足する学習の権利（もしくは人間・市民として成長・発達し人格を完成するために必要な学習をする権利）（堀尾1971,1977）のことを言う。堀尾輝久が提唱した概念である学習権は、憲法二六条の条理解釈として提唱され、子どもの権利の基礎として位置づけられた。この学習権の保障のために主張されたのが専門家としての教師集団の教育の自由である。国家による教育統制はこの意味で学習権を毀損するという主張になる。

　こうして1970年の杉本判決を契機として、教師の教育の自由という主張は教育学上の学説を超えて、思想としても一般的に普及していくことになる。兼子がまとめているように杉本判決は「子どもの学習権に対応する国民と教師の教

育の自由」（兼子1998：276）を確認するものだった。しかし、1960年代から70年にかけての時代状況に合わせて作られた教育権論においては、親の教育の自由を制約的なものとして解釈するという問題もはらまれていた。例えば、兼子は次のように親の教育の自由を解釈している。

　　子どもの学習権は、それに代位する親の教育の自由を根拠づけると同時に、それが「教育を受ける権利」も国家法的保障へと高まる方向において、ますます親の教育権行使への積極的要求を含み、その結果は親の教育義務による教育の自由の制約をもうみだす。（兼子1978：207）

　この兼子の解釈については説明が必要だろう。1970年代の時代状況としては、戦前における家長権の濫用という観念が生々しく残っていた。すなわち、権威的な家長が子どもの教育権を制限し、自らの支配下に子どもを置くという事例である。先に見たように日本国憲法においては、子どもの教育権が確認され、社会が保障しなくてはならない権利として教育への権利が析出された。兼子の主張は基本的にはその意味での権利保障と考えてよい。

　ただし、もう一つの意味があることにも注意しなくてはならない。兼子は旧教育基本法に書かれてある教育行政の役割は「教育条件整備」に限定され、教育の内容に踏み込むものではないとする。そして、教師の教育の自由を守るために、教育行政のみならず、親による教育内容に対する要求も一定程度制約されなくてはならないという見解に立つ（兼子1978）。これはのちに今橋盛勝により、親の教育権を教師集団に「白紙委任」（今橋1983）していると批判されることになる。次にその批判を見ていくこととする。

3.3　親の教育の自由の観念が弱いとどのような事態が起きるか

　1970年代後半から80年代にかけては、学校教師による生徒への人権侵害の問題が注目を浴びることになる。1970年代の事例としては、政治運動をした生徒の活動を内申書に記した麹町中学校内申書事件が有名である。この事件が象徴するように、学校教師による生徒への管理統制が強まり、学校での体罰や頭髪規制に見られるような人権の侵害が大きな問題となっていった（永井・今橋1985）。

　今橋盛勝は、1980年代以降、管理教育が吹き荒れ、教師による生徒への人権侵害が問題になっている文脈において、教師による権利侵害を問題視するためにも父母の教育要求権が必要だと説いた（今橋1983）。その中で今橋は、「国民の教

育権」論の適用限界を唱え、学校教師が生徒の権利侵害の加害者として現れることがあるということを指摘して、その問題性を次のように指摘している。

　法的に「ありうべき」学習権の保障を基準として、「あって当然の」教育がなされていない事象、「あってはならない」教育がなされている事象を法規範論的に評価し、教育法紛争化させることを、「あるべき教育」、「あるべき学習権」の保障に基づいて否定してしまうことが問題なのである。(今橋1983:81)

　今橋が述べる「ありうべき」学習権の保障というのは、「国民の教育権」論が説く「教師の教育の自由」に基づく教育実践の事である。それに対し、「あってはならない」教育というのは、1980年代に続発した体罰の問題である。管理教育の強化という時代背景にあって、1990年には兵庫県の公立高校で女子生徒が門扉に頭をはさまれて亡くなるという悲劇的な事件(校門圧死事件)も起こった。今橋は、「子どもにも、すでに憲法上、人権が保障されている。それは、学校生活においても、教師によっても尊重されなければならず、侵害は許されない」(今橋1991:29)とする。要するに、教師を子どもの学習権保障の代理人と見立て、教師に教育の自由裁量権を与えた時にその人権侵害者としての側面が見えにくくなることを問題視したのである。
　このように、1980年以降は特に「国民の教育権」論が唱えた教師教育の自由を内容とする教育権への疑問が浮上することとなった。その疑問は体罰の事例に示される教師の権力性を人権侵害の問題として捉える視点を有していた。具体的には教師が生徒にとっては人権を侵害する権力者として表れうるのではないかという疑問につながっていく。国民の教育権では、教師と子どもの権利は予定調和的に一体化するものとして解釈されてきたが、80年代は教師の体罰といった行動を事例としてその限界と矛盾が露呈したのである。さらに今橋は「国民の教育権」論に次のような批判を向ける。

　教師の教育の自由・教育権論が、国・教育行政の教育内容統制を否定する憲法理論・教育法理論として構築されながら、国・教育行政の権力性・政策との現実的関係では不十分にしか法的機能を果たせないのに対して、その法理が、父母との関係では、教育基本法10条1項の「不当な支配」論の濫用と戦前的学校教師の「お上」意識、現代的「お上」構造とが錯綜する中で、父母の教師に対する教育要求・

批判の顕在化を抑制する法的・教育的機能を果たしてきたことは否定できないであろう。(今橋1985：190)

　このように、「国民の教育権」論が唱えた教師教育の自由には、親が学校と教師に対して要求する権利を抑制する機能があったと批判されている。1980年代は、学校における人権侵害の歯止めという意味でも「父母の教育要求権」が必要とされたのである。

4. 親の教育の自由の展開

　1980年代に浮上した問題は、学校教育の場における一般人権の侵害であった。その中で同時に問題となったのは、「登校拒否」(現在は不登校と呼ばれているが、以下文脈に応じて使い分けることとする)である。管理教育の強化に伴い、学校生活に苦しさを覚え、学校に行かない子どもが増えた。登校拒否の急増に危機感を覚えた文部省は1983年に登校拒否に対する公式見解を発表する。精神科医が中心となって書かれた公式見解では、登校拒否の要因は本人の性格傾向と親の養育態度とされた。こうした見解の内容は不登校を個人的要因と見なし、学校の問題を問わないという意味で学校を絶対善とする考え方の典型である。その意味では1980年代に浮上した問題は、子どもと親の教育の自由を徹底的に締め付けるところにあったと言い換えることもできる。

　さて、教育思想の問題として考えたときに、親の教育の自由という観点から教育権を組み立てなおす主張を展開した人物として西原博史が欠かせない存在となろう。西原は国旗・国歌法が施行された1999年以降に学校現場を席巻することとなった君が代斉唱の強制に対抗する原理を親の教育権に求めた。

　西原は広島県教委が国歌斉唱時に起立しなかったとして県立学校職員138人に訓告処分を出した事例や北九州の「ココロ」裁判3)の事例を挙げ、愛国心教育に対抗する原理の批判的考察を行っている。西原は「教師の職務上の行為は児童生徒に対する権力行使にほかならず、教師は自らの〈思想・良心の自由〉を引き合いに出して子どもの思想・良心の形成に対する権力的な介入を正当化できるわけではない」(西原2003：71-2)として、教師の自由の難点を指摘し、教師自身の思想・良心の自由を君が代斉唱強制の対抗的論理として用いるべきではないとする。そして、次のように「国民の教育権」論の限界を指摘する。

国旗・国歌の指導が教師の〈思想・良心の自由〉の問題だとする主張は、〈教師の教育権〉の主張と連動しており、国家＝学校行政官庁の介入を排して子どもに「真理」を押しつける教師の自由を前提に置いたものである。しかし、その立場を支える〈国民の教育権〉論は、一九七〇年代の特殊な状況に依存しており、今追い詰められている教師に、もはや理論的支援を提供できていない。(西原2003:72)

　付け加えて西原は、教師は「子どもに対する人権侵害を防ぐ義務」を負い、そして「権力の手によって子どもの〈思想・良心の自由〉という人権に対する組織的な侵害がなされるとき、それに気づいた教師は、自らが壁となって子どもを守ることしかできない」(西原2003:74)と述べる。教師が「壁となって守る」対象は、ここでは君が代斉唱を拒否したいという子どもである。すなわち、「特に義務教育段階において教師は権力そのものであり、子どもの基本的人権を脅かしうる存在でもある」(西原2003:97)ことを想定して、いずれにせよ教師の教育の自由は子どもの権利の前に一定の制限を受けるとするのである。それゆえ、西原は、教師には人権侵害を絶対にしないという職務だけが残るという説を立てる。

　「国民の教育権」論は、「文部省による特定のイデオロギーの押し付けに抵抗するため」(西原2003:91)に組み立てられてきたが、その主張のみでは教師の学問の自由・教育の自由を主張する一方で、子どもの無権利状態を変えることはできず、逆の事態にもつながることになった。君が代斉唱に抵抗する論理として、教師の教育の自由を強調するほどに教師が子どもに対して権力行使をなすという事態が看過される。さらにいえば、教師が国家権力の抵抗の主体となるという前提自体が破綻しているという問題もある。つまり、学習指導要領の拘束力と国旗国歌法の拘束力を意識して、教育行政の上意下達に従い、積極的に君が代斉唱に励む教師が職責を果たしているとして評価されるという状況がある。

　まとめると、「国民の教育権」論が主張する教師に委託されているとする親の教育権は、現実的には文部科学省が定めた学習指導要領に拘束されていることになっている。そのために最終的にはほとんど親は教育に関する権利を行政権力に白紙委任しているという実態になっている。したがって従来の「国民の教育権」論の内容では「教師の教育の自由」も「親の教育の自由」も保障されてはおらず、そのため学習内容の画一化が起こり、本来は多様な親の教育の自由、そして子どもの教育の自由を保障するはずの教育権は、政府・文科省の方針にの

っとって教育を行うことと、その教育を受けることに矮小化されているのである。

5. まとめ

本稿では、学校外の教育選択権の保障が進まない状態の背景について、「国民の教育権」論が主張した教育の自由に関する論点を振り返りながら、その中で親の教育の自由が制約的に解釈されてきたという経緯を遠因と考えた。その弊害を不登校という形で「普通教育を受ける権利」が侵害されている子どもたちの増加という点に見出すならば、その解決策の一つが学校外の教育保障の確立にあると考えることが重要だろう（喜多2017）。そしてその問題の背景にある文部科学省の学習指導要領に子どもの学習内容が一元化されているという状況は、いずれ解消される必要があろう。

日本では、ようやく教育機会確保法の成立により、学校外の学習に公的資金を配分する議論が出てきている。マイケル・ウォルツァーは、エスニック集団や宗教共同体の差異ある文化が自律し、その価値と選択が尊重されるような多元性を前提とした社会を説明する文脈において、「多文化主義の論理を前提とすれば、国家からの支援は、そもそも提供されるのであれば、どの社会集団にも平等なしかたでおこなわれなくてはならない」（Waltzer1997＝2003：61）と述べる。ここから我々は、「学び」について、子ども（およびその親）が主体的な選択をしたときも、多文化主義の（民主主義社会の）論理において保障すべきであるということができる。それは国家による財政措置も含めた公的支援を要することを意味するといえる。

【注釈】
1. 堀尾輝久は、池田・ロバートソン会談において唱えられた愛国心教育の特徴について「平和教育の否定―再軍備の推進のための愛国心教育の必要を強く求めるものであったが、同時に、それは対米従属の愛国心としての矛盾をもはらんでいた。」（堀尾・兼子1977：161）と指摘している。
2. 家永三郎は教科書検定の時代背景を次のように分析している。「再軍備政策が公権力によって推進され、憲法『改正』が公然と唱導される時勢では、憲法の民主主義・平和主義の理念を強調することがかえって政治的『偏向』のレッテルをはられる、という倒錯した現象を生み出し、『偏向』教科書の出現を阻止するために、検定の強化ないし国定制度の復活が必要であるという宣伝が開始されたのであった。」（家永1998：172）
3. 北九州市では、「国歌斉唱は、ピアノ伴奏で行い、児童生徒及び教師の全員が起立して、正しく

心を込めて歌う」とされ、その規定に反した教員が処分された。

【文献】

樋口陽一, 2009,『憲法という作為―「人」と「市民」の連関と緊張』岩波書店.

堀尾輝久, 1971=1992,『現代教育の思想と構造』岩波書店.

同上, 1976＝1983,「日本における教育と教育法」永井憲一・堀尾輝久編『教育法を学ぶ　―国民の教育権とはなにか』有斐閣選書, 11-24.

今橋盛勝, 1983,『教育法と法社会学』三省堂.

同上, 1991,『いじめ・体罰と父母の教育権』岩波ブックレット.

兼子仁, 1971,『国民の教育権』岩波新書.

同上, 1978,『新版　教育法』有斐閣.

兼子仁・市川須美子編著, 1998,『日本の自由教育法学』学陽書房.

兼子仁・堀尾輝久, 1977,『教育と人権』岩波書店.

喜多明人, 2017,「不登校の子どものための教育機会確保法―その読み方」フリースクール全国ネットワーク・多様な学び保障法を実現する会編『教育機会確保法の誕生―子供が安心して学び育つ』東京シューレ出版, 153-180.

McCarthy, Matha M.・Camboron-McCabe, Nelda H., 1987, *"Public School Law-Teachar's and Student's Rights 2nd Edition"*,Boston:Allyn & Bacon（=1991, 平原春好・青木宏司訳『アメリカ教育法―生徒教師の権利』三省堂. ）

永井憲一, 1983,「教育法を学ぶ必要性」(＝永井憲一・堀尾輝久編, 1983『教育法を学ぶ―国民の教育権とはなにか』)有斐閣選書, 1-10.

永井憲一・今橋盛勝, 1985,『教育法入門』日本評論社.

中川明, 2013,『寛容と人権―憲法の現場からの問い直し』岩波書店.

中川明・西原博史, 2007,「心の支配」藤田英典編,『誰のための教育再生か』岩波新書, 147-186.

西原博史, 2003,『学校が「愛国心」を教えるとき―基本的人権からみた国旗・国歌と教育基本法改正』日本評論社.

同上, 2013,「親の教育権と子どもの権利保障」早稲田社会科学総合研究第14巻第1号,65-75.

奥地圭子, 2017,「教育機会確保法はどのようにして成立したか」フリースクール全国ネットワーク・多様な学び保障法を実現する会編『教育機会確保法の誕生―子供が安心して学び育つ』東京シューレ出版, 14-58.

Waltzer, Micheal, 1997, *"On Toleration"*,New havenand London：Yale University Press.（大川正彦訳,2003,『寛容について』みすず書房. ）

資料編

【資料1】普通教育機会確保法（全文）

義務教育の段階における普通教育に相当する教育の機会の確保等に関する法律（平成28年法律第105号）

2016（平成28）12月14日公布

第一章　総則

（目的）

第一条 この法律は、教育基本法（平成十八年法律第百二十号）及び児童の権利に関する条約等の教育に関する条約の趣旨にのっとり、教育機会の確保等に関する施策に関し、基本理念を定め、並びに国及び地方公共団体の責務を明らかにするとともに、基本指針の策定その他の必要な事項を定めることにより、教育機会の確保等に関する施策を総合的に推進することを目的とする。

（定義）

第二条　この法律において、次の各号に掲げる用語の意義は、それぞれ当該各号に定めるところによる。

一　学校

学校教育法（昭和二十二年法律第二十六号）第一条に規定する小学校、中学校、義務教育学校、中等教育学校の前期課程又は特別支援学校の小学部若しくは中学部をいう。

二　児童生徒

学校教育法第十八条に規定する学齢児童又は学齢生徒をいう。

三　不登校児童生徒

相当の期間学校を欠席する児童生徒であって、学校における集団の生活に関する心理的な負担その他の事由のために就学が困難である状況として文部科学大臣が定める状況にあると認められるものをいう。

四　教育機会の確保等

不登校児童生徒に対する教育の機会の確保、夜間その他特別な時間において授業を行う学校における就学の機会の提供その他の義務教育の段階における普通教育に相当する教育の機会の確保及び当該教育を十分に受けていない者に対する支援をいう。

（基本理念）

第三条　教育機会の確保等に関する施策は、次に掲げる事項を基本理念として行われなければならない。

一　全ての児童生徒が豊かな学校生活を送り、安心して教育を受けられるよう、学校における環境の確保が図られるようにすること。

二　不登校児童生徒が行う多様な学習活動の実情を踏まえ、個々の不登校児童生徒の状況に応じた必要な支援が行われるようにすること。

三　不登校児童生徒が安心して教育を十分に受けられるよう、学校における環境の整備が図られ

るようにすること。

四　義務教育の段階における普通教育に相当する教育を十分に受けていない者の意思を十分に尊重しつつ、その年齢又は国籍その他の置かれている事情にかかわりなく、その能力に応じた教育を受ける機会が確保されるようにするとともに、その者が、その教育を通じて、社会において自立的に生きる基礎を培い、豊かな人生を送ることができるよう、その教育水準の維持向上が図られるようにすること。

五　国、地方公共団体、教育機会の確保等に関する活動を行う民間の団体その他の関係者の相互の密接な連携の下に行われるようにすること。

（国の責務）

第四条　国は、前条の基本理念にのっとり、教育機会の確保等に関する施策を総合的に策定し、及び実施する責務を有する。

（地方公共団体の責務）

第五条　地方公共団体は、第三条の基本理念にのっとり、教育機会の確保等に関する施策について、国と協力しつつ、当該地域の状況に応じた施策を策定し、及び実施する責務を有する。

（財政上の措置等）

第六条　国及び地方公共団体は、教育機会の確保等に関する施策を実施するため必要な財政上の措置その他の措置を講ずるよう努めるものとする。

第二章　基本指針

第七条　文部科学大臣は、教育機会の確保等に関する施策を総合的に推進するための基本的な指針（以下この条において「基本指針」という。）を定めるものとする。

2　基本指針においては、次に掲げる事項を定めるものとする。

一　教育機会の確保等に関する基本的事項

二　不登校児童生徒等に対する教育機会の確保等に関する事項

三　夜間その他特別な時間において授業を行う学校における就学の機会の提供等に関する事項

四　その他教育機会の確保等に関する施策を総合的に推進するために必要な事項

3　文部科学大臣は、基本指針を作成し、又はこれを変更しようとするときは、あらかじめ、地方公共団体及び教育機会の確保等に関する活動を行う民間の団体その他の関係者の意見を反映させるために必要な措置を講ずるものとする。

4　文部科学大臣は、基本指針を定め、又はこれを変更したときは、遅滞なく、これを公表しなければならない。

第三章　不登校児童生徒等に対する教育機会の確保等

（学校における取組への支援）

第八条　国及び地方公共団体は、全ての児童生徒が豊かな学校生活を送り、安心して教育を受け

られるよう、児童生徒と学校の教職員との信頼関係及び児童生徒相互の良好な関係の構築を図るための取組、児童生徒の置かれている環境その他の事情及びその意思を把握するための取組、学校生活上の困難を有する個々の児童生徒の状況に応じた支援その他の学校における取組を支援するために必要な措置を講ずるよう努めるものとする。

（支援の状況等に係る情報の共有の促進等）

第九条　国及び地方公共団体は、不登校児童生徒に対する適切な支援が組織的かつ継続的に行われることとなるよう、不登校児童生徒の状況及び不登校児童生徒に対する支援の状況に係る情報を学校の教職員、心理、福祉等に関する専門的知識を有する者その他の関係者間で共有することを促進するために必要な措置その他の措置を講ずるものとする。

（特別の教育課程に基づく教育を行う学校の整備等）

第十条　国及び地方公共団体は、不登校児童生徒に対しその実態に配慮して特別に編成された教育課程に基づく教育を行う学校の整備及び当該教育を行う学校における教育の充実のために必要な措置を講ずるよう努めるものとする。

（学習支援を行う教育施設の整備等）

第十一条　国及び地方公共団体は、不登校児童生徒の学習活動に対する支援を行う公立の教育施設の整備及び当該支援を行う公立の教育施設における教育の充実のために必要な措置を講ずるよう努めるものとする。

（学校以外の場における学習活動の状況等の継続的な把握）

第十二条　国及び地方公共団体は、不登校児童生徒が学校以外の場において行う学習活動の状況、不登校児童生徒の心身の状況その他の不登校児童生徒の状況を継続的に把握するために必要な措置を講ずるものとする。

（学校以外の場における学習活動等を行う不登校児童生徒に対する支援）

第十三条　国及び地方公共団体は、不登校児童生徒が学校以外の場において行う多様で適切な学習活動の重要性に鑑み、個々の不登校児童生徒の休養の必要性を踏まえ、当該不登校児童生徒の状況に応じた学習活動が行われることとなるよう、当該不登校児童生徒及びその保護者（学校教育法第十六条に規定する保護者をいう。）に対する必要な情報の提供、助言その他の支援を行うために必要な措置を講ずるものとする。

第四章　夜間その他特別な時間において授業を行う学校における就学の機会の提供等

（就学の機会の提供等）

第十四条　地方公共団体は、学齢期を経過した者（その者の満六歳に達した日の翌日以後における最初の学年の初めから満十五歳に達した日の属する学年の終わりまでの期間を経過した者をいう。次条第二項第三号において同じ。）であって学校における就学の機会が提供されなかった

もののうちにその機会の提供を希望する者が多く存在することを踏まえ、夜間その他特別な時間において授業を行う学校における就学の機会の提供その他の必要な措置を講ずるものとする。

（協議会）

第十五条　都道府県及び当該都道府県の区域内の市町村は、前条に規定する就学の機会の提供その他の必要な措置に係る事務についての当該都道府県及び当該市町村の役割分担に関する事項の協議並びに当該事務の実施に係る連絡調整を行うための協議会（以下この条において「協議会」という。）を組織することができる。

2　協議会は、次に掲げる者をもって構成する。

一　都道府県の知事及び教育委員会

二　当該都道府県の区域内の市町村の長及び教育委員会

三　学齢期を経過した者であって学校における就学の機会が提供されなかったもののうちその機会の提供を希望する者に対する支援活動を行う民間の団体その他の当該都道府県及び当該市町村が必要と認める者

3　協議会において協議が調った事項については、協議会の構成員は、その協議の結果を尊重しなければならない。

4　前三項に定めるもののほか、協議会の運営に関し必要な事項は、協議会が定める。

第五章　教育機会の確保等に関するその他の施策

（調査研究等）

第十六条　国は、義務教育の段階における普通教育に相当する教育を十分に受けていない者の実態の把握に努めるとともに、その者の学習活動に対する支援の方法に関する調査研究並びにこれに関する情報の収集、整理、分析及び提供を行うものとする。

（国民の理解の増進）

第十七条　国及び地方公共団体は、広報活動等を通じて、教育機会の確保等に関する国民の理解を深めるよう必要な措置を講ずるよう努めるものとする。

（人材の確保等）

第十八条　国及び地方公共団体は、教育機会の確保等が専門的知識に基づき適切に行われるよう、学校の教職員その他の教育機会の確保等に携わる者の養成及び研修の充実を通じたこれらの者の資質の向上、教育機会の確保等に係る体制等の充実のための学校の教職員の配置、心理、福祉等に関する専門的知識を有する者であって教育相談に応じるものの確保その他の必要な措置を講ずるよう努めるものとする。

（教材の提供その他の学習の支援）

第十九条　国及び地方公共団体は、義務教育の段階における普通教育に相当する教育を十分に受けていない者のうち中学校を卒業した者と同等以上の学力を修得することを希望する者に対

して、教材の提供（通信の方法によるものを含む。）その他の学習の支援のために必要な措置を講ずるよう努めるものとする。

（相談体制の整備）
第二十条　国及び地方公共団体は、義務教育の段階における普通教育に相当する教育を十分に受けていない者及びこれらの者以外の者であって学校生活上の困難を有する児童生徒であるもの並びにこれらの者の家族からの教育及び福祉に関する相談をはじめとする各種の相談に総合的に応ずることができるようにするため、関係省庁相互間その他関係機関、学校及び民間の団体の間の連携の強化その他必要な体制の整備に努めるものとする。

附則
（施行期日）
1　この法律は、公布の日から起算して二月を経過した日から施行する。ただし、第四章の規定は、公布の日から施行する。

（検討）
2　政府は、速やかに、教育機会の確保等のために必要な経済的支援の在り方について検討を加え、その結果に基づいて必要な措置を講ずるものとする。
3　政府は、義務教育の段階における普通教育に相当する教育を十分に受けていない者が行う多様な学習活動の実情を踏まえ、この法律の施行後三年以内にこの法律の施行の状況について検討を加え、その結果に基づき、教育機会の確保等の在り方の見直しを含め、必要な措置を講ずるものとする。

[資料2] 不登校児童生徒への支援の在り方について（通知）(全文)

2019年（令和元）年10月25日

元文科初第698号

各都道府県教育委員会教育長　殿
　各指定都市教育委員会教育長　殿
　各都道府県知事　殿
　附属学校を置く各国立大学法人学長　殿
　小中高等学校を設置する学校設置会社を所轄する構造改革特別区域法第12条第1項の認定を受
　　けた各地方公共団体の長　殿

文部科学省初等中等教育局長　丸山　洋司

不登校児童生徒への支援の在り方について（通知）

　不登校児童生徒への支援につきましては, 関係者において様々な努力がなされ, 児童生徒の社会的自立に向けた支援が行われてきたところですが, 不登校児童生徒数は依然として高水準で推移しており, 生徒指導上の喫緊の課題となっております。

　こうした中,「義務教育の段階における普通教育に相当する教育の機会の確保等に関する法律」(以下「法」という。)が平成28年12月14日に公布され, 平成29年2月14日に施行されました（ただし, 法第4章は公布の日から施行。)。

　これを受け, 文部科学省におきましては, 法第7条に基づき, 平成29年3月31日, 教育機会の確保等に関する施策を総合的に推進するための基本的な指針(以下「基本指針」という。)を策定したところです。

　さらに, 法の附則に基づき, 平成30年12月から「不登校に関する調査研究協力者会議」及び「フリースクール等に関する検討会議」において法の施行状況について検討を行い, 令和元年6月21日に議論をとりまとめました。

　本通知は, 今回の議論のとりまとめの過程等において, 過去の不登校施策に関する通知における不登校児童生徒の指導要録上の出席扱いに係る記述について, 法や基本指針の趣旨との関係性について誤解を生じるおそれがあるとの指摘があったことから, 当該記述を含め, これまでの不登校施策に関する通知について改めて整理し, まとめたものです。文部科学省としては, 今回の議論のとりまとめを踏まえ, 今後更に施策の充実に取り組むこととしておりますが, 貴職におかれましても, 教職員研修等を通じ, 全ての教職員が法や基本指針の理解を深め, 個々の不登校児童生徒の状況に応じた支援等を行うことができるよう努めるとともに, 下記により不登校児童生徒に対する教育機会の確保等に関する施策の推進を図っていただくようお願いします。

　また, 都道府県・指定都市教育委員会にあっては所管の学校及び域内の市区町村教育委員会に

159

対して，都道府県知事にあっては所轄の学校法人及び私立学校に対して，附属学校を置く国公立大学法人の長にあっては附属学校に対して，構造改革特別区域法第12条第1項の認定を受けた地方公共団体の長にあっては認可した学校に対して，この趣旨について周知を図るとともに，適切な対応がなされるよう御指導をお願いします。

　なお，「登校拒否問題への対応について」（平成4年9月24日付け文部省初等中等教育局長通知），「不登校への対応の在り方について」（平成15年5月16日付け文部科学省初等中等教育局長通知），「不登校児童生徒が自宅においてIT等を活用した学習活動を行った場合の指導要録上の出欠の取扱い等について」（平成17年7月6日付け文部科学省初等中等教育局長通知）及び「不登校児童生徒への支援の在り方について」（平成28年9月14日付け文部科学省初等中等教育局長通知）については本通知をもって廃止します。

記

1. 不登校児童生徒への支援に対する基本的な考え方

（1）支援の視点

　不登校児童生徒への支援は，「学校に登校する」という結果のみを目標にするのではなく，児童生徒が自らの進路を主体的に捉えて，社会的に自立することを目指す必要があること。また，児童生徒によっては，不登校の時期が休養や自分を見つめ直す等の積極的な意味を持つことがある一方で，学業の遅れや進路選択上の不利益や社会的自立へのリスクが存在することに留意すること。

（2）学校教育の意義・役割

　特に義務教育段階の学校は，各個人の有する能力を伸ばしつつ，社会において自立的に生きる基礎を養うとともに，国家・社会の形成者として必要とされる基本的な資質を培うことを目的としており，その役割は極めて大きいことから，学校教育の一層の充実を図るための取組が重要であること。また，不登校児童生徒への支援については児童生徒が不登校となった要因を的確に把握し，学校関係者や家庭，必要に応じて関係機関が情報共有し，組織的・計画的な，個々の児童生徒に応じたきめ細やかな支援策を策定することや，社会的自立へ向けて進路の選択肢を広げる支援をすることが重要であること。さらに，既存の学校教育になじめない児童生徒については，学校としてどのように受け入れていくかを検討し，なじめない要因の解消に努める必要があること。

　また，児童生徒の才能や能力に応じて，それぞれの可能性を伸ばせるよう，本人の希望を尊重した上で，場合によっては，教育支援センターや不登校特例校，ICTを活用した学習支援，フリースクール，中学校夜間学級（以下，「夜間中学」という。）での受入れなど，様々な関係機関等を活用し社会的自立への支援を行うこと。

　その際，フリースクールなどの民間施設やNPO等と積極的に連携し，相互に協力・補完することの意義は大きいこと。

（3）不登校の理由に応じた働き掛けや関わりの重要性

　不登校児童生徒が，主体的に社会的自立や学校復帰に向かうよう，児童生徒自身を見守りつつ，

不登校のきっかけや継続理由に応じて，その環境づくりのために適切な支援や働き掛けを行う必要があること。

(4)家庭への支援

家庭教育は全ての教育の出発点であり，不登校児童生徒の保護者の個々の状況に応じた働き掛けを行うことが重要であること。また，不登校の要因・背景によっては，福祉や医療機関等と連携し，家庭の状況を正確に把握した上で適切な支援や働き掛けを行う必要があるため，家庭と学校，関係機関の連携を図ることが不可欠であること。その際，保護者と課題意識を共有して一緒に取り組むという信頼関係をつくることや，訪問型支援による保護者への支援等，保護者が気軽に相談できる体制を整えることが重要であること。

2.学校等の取組の充実

(1)「児童生徒理解・支援シート」を活用した組織的・計画的支援

不登校児童生徒への効果的な支援については，学校及び教育支援センターなどの関係機関を中心として組織的・計画的に実施することが重要であり，また，個々の児童生徒ごとに不登校になったきっかけや継続理由を的確に把握し，その児童生徒に合った支援策を策定することが重要であること。その際，学級担任，養護教諭，スクールカウンセラー，スクールソーシャルワーカー等の学校関係者が中心となり，児童生徒や保護者と話し合うなどして，「児童生徒理解・支援シート（参考様式）」（別添1）（以下「シート」という。）を作成することが望ましいこと。これらの情報は関係者間で共有されて初めて支援の効果が期待できるものであり，必要に応じて，教育支援センター，医療機関，児童相談所等，関係者間での情報共有，小・中・高等学校間，転校先等との引継ぎが有効であるとともに，支援の進捗状況に応じて，定期的にシートの内容を見直すことが必要であること。また，校務効率化の観点からシートの作成に係る業務を効率化するとともに，引継ぎに当たって個人情報の取扱いに十分留意することが重要であること。

なお，シートの作成及び活用に当たっては，「児童生徒理解・支援シートの作成と活用について」（別添2）を参照すること。

(2)不登校が生じないような学校づくり

1. 魅力あるよりよい学校づくり

児童生徒が不登校になってからの事後的な取組に先立ち，児童生徒が不登校にならない，魅力ある学校づくりを目指すことが重要であること。

2. いじめ，暴力行為等問題行動を許さない学校づくり

いじめや暴力行為を許さない学校づくり，問題行動への毅然とした対応が大切であること。また教職員による体罰や暴言等，不適切な言動や指導は許されず，教職員の不適切な言動や指導が不登校の原因となっている場合は，懲戒処分も含めた厳正な対応が必要であること。

3. 児童生徒の学習状況等に応じた指導・配慮の実施

学業のつまずきから学校へ通うことが苦痛になる等，学業の不振が不登校のきっかけの一つとなっていることから，児童生徒が学習内容を確実に身に付けることができるよう，指導方法や指導体制を

工夫改善し，個に応じた指導の充実を図ることが望まれること。

　4．保護者・地域住民等の連携・協働体制の構築

　社会総掛かりで児童生徒を育んでいくため，学校，家庭及び地域等との連携・協働体制を構築することが重要であること。

　5．将来の社会的自立に向けた生活習慣づくり

　児童生徒が将来の社会的自立に向けて，主体的に生活をコントロールする力を身に付けることができるよう，学校や地域における取組を推進することが重要であること。

　(3)不登校児童生徒に対する効果的な支援の充実

　1．不登校に対する学校の基本姿勢

　校長のリーダーシップの下，教員だけでなく，様々な専門スタッフと連携協力し，組織的な支援体制を整えることが必要であること。また，不登校児童生徒に対する適切な対応のために，各学校において中心的かつコーディネーター的な役割を果たす教員を明確に位置付けることが必要であること。

　2．早期支援の重要性

　不登校児童生徒の支援においては，予兆への対応を含めた初期段階からの組織的・計画的な支援が必要であること。

　3．効果的な支援に不可欠なアセスメント

　不登校の要因や背景を的確に把握するため，学級担任の視点のみならず，スクールカウンセラー及びスクールソーシャルワーカー等によるアセスメント（見立て）が有効であること。また，アセスメントにより策定された支援計画を実施するに当たっては，学校，保護者及び関係機関等で支援計画を共有し，組織的・計画的な支援を行うことが重要であること。

　4．スクールカウンセラーやスクールソーシャルワーカーとの連携協力

　学校においては，相談支援体制の両輪である，スクールカウンセラー及びスクールソーシャルワーカーを効果的に活用し，学校全体の教育力の向上を図ることが重要であること。

　5．家庭訪問を通じた児童生徒への積極的支援や家庭への適切な働き掛け

　学校は，プライバシーに配慮しつつ，定期的に家庭訪問を実施して，児童生徒の理解に努める必要があること。また，家庭訪問を行う際は，常にその意図・目的，方法及び成果を検証し適切な家庭訪問を行う必要があること。

　なお，家庭訪問や電話連絡を繰り返しても児童生徒の安否が確認できない等の場合は，直ちに市町村又は児童相談所への通告を行うほか，警察等に情報提供を行うなど，適切な対処が必要であること。

　6．不登校児童生徒の学習状況の把握と学習の評価の工夫

　不登校児童生徒が教育支援センターや民間施設等の学校外の施設において指導を受けている場合には，当該児童生徒が在籍する学校がその学習の状況等について把握することは，学習支援や進路指導を行う上で重要であること。学校が把握した当該学習の計画や内容がその学校の教育課程に照らし適切と判断される場合には，当該学習の評価を適切に行い指導要録に記入したり，また，評価の結果を通知表その他の方法により，児童生徒や保護者，当該施設に積極的に伝えたりすることは，児童生徒の学習意欲に応え，自立を支援する上で意義が大きいこと。

7. 不登校児童生徒の登校に当たっての受入体制

不登校児童生徒が登校してきた場合は、温かい雰囲気で迎え入れられるよう配慮するとともに、保健室、相談室及び学校図書館等を活用しつつ、徐々に学校生活への適応を図っていけるような指導上の工夫が重要であること。

8. 児童生徒の立場に立った柔軟な学級替えや転校等の対応

いじめが原因で不登校となっている場合等には、いじめを絶対に許さないき然とした対応をとることがまずもって大切であること。また、いじめられている児童生徒の緊急避難としての欠席が弾力的に認められてもよく、そのような場合には、その後の学習に支障がないよう配慮が求められること。そのほか、いじめられた児童生徒又はその保護者が希望する場合には、柔軟に学級替えや転校の措置を活用することが考えられること。

また、教員による体罰や暴言等、不適切な言動や指導が不登校の原因となっている場合は、不適切な言動や指導をめぐる問題の解決に真剣に取り組むとともに、保護者等の意向を踏まえ、十分な教育的配慮の上で学級替えを柔軟に認めるとともに、転校の相談に応じることが望まれること。

保護者等から学習の遅れに対する不安により、進級時の補充指導や進級や卒業の留保に関する要望がある場合には、補充指導等の実施に関して柔軟に対応するとともに、校長の責任において進級や卒業を留保するなどの措置をとるなど、適切に対応する必要があること。また、欠席日数が長期にわたる不登校児童生徒の進級や卒業に当たっては、あらかじめ保護者等の意向を確認するなどの配慮が重要であること。

(4)不登校児童生徒に対する多様な教育機会の確保

不登校児童生徒の一人一人の状況に応じて、教育支援センター、不登校特例校、フリースクールなどの民間施設、ICTを活用した学習支援など、多様な教育機会を確保する必要があること。また、夜間中学において、本人の希望を尊重した上での受入れも可能であること。

義務教育段階の不登校児童生徒が学校外の公的機関や民間施設において、指導・助言等を受けている場合の指導要録上の出席扱いについては、別記1によるものとし、高等学校における不登校生徒が学校外の公的機関や民間施設において、指導・助言等を受けている場合の指導要録上の出席扱いについては、「高等学校における不登校生徒が学校外の公的機関や民間施設において相談・指導を受けている場合の対応について」(平成21年3月12日付け文部科学省初等中等教育局長通知)によるものとすること。また、義務教育段階の不登校児童生徒が自宅においてICT等を活用した学習活動を行った場合の指導要録上の出席扱いについては、別記2によるものとすること。その際、不登校児童生徒の懸命の努力を学校として適切に判断すること。

なお、不登校児童生徒が民間施設において相談・指導を受ける際には、「民間施設についてのガイドライン(試案)」(別添3)を参考として、判断を行う際の何らかの目安を設けておくことが望ましいこと。

また、体験活動においては、児童生徒の積極的態度の醸成や自己肯定感の向上等が期待されることから、青少年教育施設等の体験活動プログラムを積極的に活用することが有効であること。

(5)中学校等卒業後の支援

1. 高等学校入学者選抜等の改善

高等学校入学者選抜について多様化が進む中，高等学校で学ぶ意欲や能力を有する不登校生徒について，これを適切に評価することが望まれること。

　また，国の実施する中学校卒業程度認定試験の活用について，やむを得ない事情により不登校となっている生徒が在学中に受験できるよう，不登校生徒や保護者に対して適切な情報提供を行うことが重要であること。

　2．高等学校等における長期欠席・中途退学への取組の充実

　就労支援や教育的ニーズを踏まえた特色ある高等学校づくり等も含め，様々な取組や工夫が行われることが重要であること。

　3．中学校等卒業後の就学・就労や「ひきこもり」への支援

　中学校時に不登校であり，中学校卒業後に進学も就労もしていない者，高等学校へ進学したものの学校に通えない者，中途退学した者等に対しては，多様な進学や職業訓練等の機会等について相談できる窓口や社会的自立を支援するための受皿が必要であること。また，関係行政機関等が連携したり，情報提供を行うなど，社会とのつながりを絶やさないための適切な対応が必要であること。

　4．改めて中学校等で学び直すことを希望する者への支援

　不登校等によって実質的に義務教育を十分に受けられないまま中学校等を卒業した者のうち，改めて中学校等で学び直すことを希望する者については，「義務教育修了者が中学校夜間学級への再入学を希望した場合の対応に関する考え方について」（平成27年7月30日付け文部科学省初等中等教育局初等中等教育企画課長通知）に基づき，一定の要件の下，夜間中学での受入れを可能とすることが適当であることから，夜間中学が設置されている地域においては，卒業時に夜間中学の意義や入学要件等について生徒及び保護者に説明しておくことが考えられること。

3．教育委員会の取組の充実

（1）不登校や長期欠席の早期把握と取組

　教育委員会においては，学校等の不登校への取組に関する意識を更に高めるとともに，学校が家庭や関係機関等と効果的に連携を図り，不登校児童生徒に対する早期の支援を図るための体制の確立を支援することが重要であること。

（2）学校等の取組を支援するための教育条件等の整備等

　1．教員の資質向上

　教育委員会における教員の採用・研修を通じた資質向上のための取組は不登校への適切な対応に資する重要な取組であり，初任者研修を始めとする教職経験に応じた研修，生徒指導・教育相談といった専門的な研修，管理職や生徒指導主事を対象とする研修などの体系化とプログラムの一層の充実を図り，不登校に関する知識や理解，児童生徒に対する理解，関連する分野の基礎的な知識などを身に付けさせていくことが必要であること。また，指導的な教員を対象にカウンセリングなどの専門的な能力の育成を図るとともに，スクールカウンセラー及びスクールソーシャルワーカー等の専門性と連動した学校教育への更なる理解を図るといった観点からの研修も重要であること。

　2．きめ細やかな指導のための適切な人的措置

　不登校が生じないための魅力ある学校づくり，「心の居場所」としての学校づくりを進めるためには，

児童生徒一人一人に対してきめ細やかな指導が可能となるよう，適切な教員配置を行うことが必要であること。また，異校種間の人事交流や兼務などを進めていくことも重要であること。

　不登校児童生徒が多く在籍する学校については，教員の加配等，効果的かつ計画的な人的配置に努める必要があること。そのためにも日頃より各学校の実情を把握し，また加配等の措置をした後も，この措置が効果的に活用されているか等の検証を十分に行うこと。

　3．保健室，相談室や学校図書館等の整備

　養護教諭の果たす役割の大きさに鑑み，養護教諭の複数配置や研修機会の充実，保健室，相談室及び学校図書館等の環境整備，情報通信機器の整備等が重要であること。

　4．転校のための柔軟な措置

　いじめや教員による不適切な言動や指導等が不登校の原因となっている場合には，市区町村教育委員会においては，児童生徒又は保護者等が希望する場合，学校と連携した適切な教育的配慮の下に，就学すべき学校の指定変更や区域外就学を認めるなどといった対応も重要であること。また，他の児童生徒を不登校に至らせるような深刻ないじめや暴力行為があった場合は，必要に応じて出席停止措置を講じるなど，き然とした対応の必要があること。

　5．義務教育学校設置等による学校段階間の接続の改善

　義務教育学校等において9年間を見通した生徒指導の充実等により不登校を生じさせない取組を推進することが重要であること。また，小中一貫教育を通じて蓄積される優れた不登校への取組事例を広く普及させることが必要であること。

　6．アセスメント実施のための体制づくり

　不登校の要因・背景が多様・複雑化していることから，初期の段階での適切なアセスメントを行うことが極めて重要であること。そのためには，児童生徒の状態によって，専門家の協力を得る必要があり，スクールカウンセラー及びスクールソーシャルワーカーの配置・派遣など学校をサポートしていく体制の検討が必要であること。

　(3) 教育支援センターの整備充実及び活用

　1．教育支援センターを中核とした体制整備

　今後，教育支援センターは通所希望者に対する支援だけでなく，これまでに蓄積された知見や技能を生かし，通所を希望しない者への訪問型支援，シートのコンサルテーションの担当など，不登校児童生徒への支援の中核となることが期待されること。

　また，不登校児童生徒の無償の学習機会を確保し，不登校児童生徒への支援の中核的な役割を果たしていくため，未設置地域への教育支援センターの設置又はこれに代わる体制整備が望まれること。そのため，都道府県教育委員会は，域内の市区町村教育委員会と緊密な連携を図りつつ，未整備地域を解消して不登校児童生徒や保護者が利用しやすい環境づくりを進め，「教育支援センター整備指針（試案）」（別添4）を参考に，地域の実情に応じた指針を作成し必要な施策を講じていくことが求められること。

　市区町村教育委員会においては，主体的に教育支援センターの整備充実を進めていくことが必要であり，教育支援センターの設置促進に当たっては，例えば，自治体が施設を設置し，民間の協力の下に運営する公民協営型の設置等も考えられること。もとより，市区町村教育委員会においても，「教

育支援センター整備指針」を策定することも考えられること。その際には，教育支援センターの運営が不登校児童生徒及びその保護者等のニーズに沿ったものとなるよう留意すること。

　なお，不登校児童生徒への支援の重要性に鑑み，私立学校等の児童生徒の場合でも，在籍校と連携の上，教育支援センターの利用を認めるなど柔軟な運用がなされることが望ましいこと。

　2．教育支援センターを中核とした支援ネットワークの整備

　教育委員会は，積極的に，福祉・保健・医療・労働部局等とのコーディネーターとしての役割を果たす必要があり，各学校が関係機関と連携しやすい体制を構築する必要があること。また，教育支援センター等が関係機関や民間施設等と連携し，不登校児童生徒やその保護者を支援するネットワークを整備することが必要であること。

(4)訪問型支援など保護者への支援の充実

　教育委員会においては，保護者に対し，不登校のみならず子育てや家庭教育についての相談窓口を周知し，不登校への理解や不登校となった児童生徒への支援に関しての情報提供や相談対応を行うなど，保護者に寄り添った支援の充実が求められること。また，プライバシーに配慮しつつも，困難を抱えた家庭に対する訪問型支援を積極的に推進することが重要であること。

(5)民間施設との連携協力のための情報収集・提供等

　不登校児童生徒への支援については，民間施設やNPO等においても様々な取組がなされており，学校，教育支援センター等の公的機関は，民間施設等の取組の自主性や成果を踏まえつつ，より積極的な連携を図っていくことが望ましいこと。そのために，教育委員会においては，日頃から積極的に情報交換や連携に努めること。

《関係報告等》

・不登校児童生徒への支援に関する最終報告～一人一人の多様な課題に対応した切れ目のない
　組織的な支援の推進～」(平成28年7月　不登校に関する調査研究協力者会議)
　https://www.mext.go.jp/b_menu/shingi/chousa/shotou/108/houkoku/1374848.htm
・「児童生徒の教育相談の充実について～学校の教育力を高める組織的な教育相談体制づくり～
　(報告)」(平成29年1月　教育相談等に関する調査研究協力者会議)
　https://www.mext.go.jp/b_menu/shingi/chousa/shotou/066/gaiyou/1381049.htm
・「不登校児童生徒による学校以外の場での学習等に対する支援の充実～個々の児童生徒の状況
　に応じた環境づくり～(報告)」(平成29年2月　フリースクール等に関する検討会議)
　https://www.mext.go.jp/b_menu/shingi/chousa/shotou/107/houkoku/1382197.htm
・「義務教育の段階における普通教育に相当する教育の機会の確保等に関する法律の施行状況に
　関する議論のとりまとめ」(令和元年6月　不登校に関する調査研究協力者会議，フリースクール
　等に関する検討会議，夜間中学設置推進・充実協議会)
　https://www.mext.go.jp/a_menu/shotou/seitoshidou/1418510.htm

(別記1) 義務教育段階の不登校児童生徒が学校外の公的機関や民間施設において相談・指 導を受けている場合の指導要録上の出欠の取扱いについて

1 趣旨

不登校児童生徒の中には，学校外の施設において相談・指導を受け，社会的な自立に 向け懸命の努力を続けている者もおり，このような児童生徒の努力を学校として評価し 支援するため，我が国の義務教育制度を前提としつつ，一定の要件を満たす場合に，こ れらの施設において相談・指導を受けた日数を指導要録上出席扱いとすることができることとする。

2 出席扱い等の要件

不登校児童生徒が学校外の施設において相談・指導を受けるとき，下記の要件を満た すとともに，当該施設における相談・指導が不登校児童生徒の社会的な自立を目指すも のであり，かつ，不登校児童生徒が現在において登校を希望しているか否かにかかわら ず，不登校児童生徒が自ら登校を希望した際に，円滑な学校復帰が可能となるよう個別 指導等の適切な支援を実施していると評価できる場合，校長は指導要録上出席扱いとすることができる。

(1) 保護者と学校との間に十分な連携・協力関係が保たれていること。

(2) 当該施設は，教育委員会等が設置する教育支援センター等の公的機関とするが，公的機関での指導の機会が得られないあるいは公的機関に通うことが困難な場合で本人 や保護者の希望もあり適切と判断される場合は，民間の相談・指導施設も考慮されて よいこと。ただし，民間施設における相談・指導が個々の児童生徒にとって適切であるかどう かについては，校長が，設置者である教育委員会と十分な連携をとって判断するもの とすること。このため，学校及び教育委員会においては，「民間施設についてのガイド ライン」(別添3)を参考として，上記判断を行う際の何らかの目安を設けておくことが望ましいこと。

(3) 当該施設に通所又は入所して相談・指導を受ける場合を前提とすること。

(4) 学校外の公的機関や民間施設における学習の計画や内容がその学校の教育課程に照らし適切と判断される場合には，当該学習の評価を適切に行い指導要録に記入したり，また，評価の結果を通知表その他の方法により，児童生徒や保護者，当該施設に積極 的に伝えたりすることは，児童生徒の学習意欲に応え，自立を支援する上で意義が大 きいこと。なお，評価の指導要録への記載については，必ずしもすべての教科・観点 について観点別学習状況及び評定を記載することが求められるのではないが，児童生 徒のおかれている多様な学習環境を踏まえ，その学習状況を文章記述するなど，次年 度以降の児童生徒の指導の改善に生かすという観点に立った適切な記載に努めることが求められるものであること。

3 留意事項

(1) 義務教育段階の学校は，各個人の有する能力を伸ばしつつ，社会において自立的に 生きる基礎を養うとともに，国家・社会の形成者として必要とされる基本的な資質を 培うことを目的としており，その役割は極めて大きいことから，学校教育の一層の充 実を図るための取組がもとより重要であること。すなわち，児童生徒が不登校になっ てからの事後的な取組に先立ち，児童生徒

が不登校にならない，魅力ある学校づくり を目指すとともに，いじめ，暴力行為，体罰等を許さないなど安心して教育を受けられる学校づくりを推進することが重要であること。(2) 不登校児童生徒への支援については児童生徒が不登校となった要因を的確に把握し，学校関係者や家庭，必要に応じて関係機関が情報共有し，組織的・計画的な，個々の 児童生徒に応じたきめ細やかな支援策を策定することや，社会的自立へ向けて進路の 選択肢を広げる支援をすることが重要であること。さらに，既存の学校教育になじめ ない児童生徒については，学校としてどのように受け入れていくかを検討し，なじめ ない要因の解消に努める必要があること。その際，保健室，相談室及び学校図書館等 を活用しつつ，徐々に学校生活への適応を図っていけるような指導上の工夫が重要で あること。また，いじめられた児童生徒又はその保護者が希望する場合には，柔軟に 学級替えや転校の措置を活用することが考えられること。

4 指導要録の様式等について

　上記の取扱いの際の指導要録の様式等については，平成31年3月29日付け30文 科初第1845号「小学校中学校，高等学校及び特別支援学校等における児童生徒の 学習評価及び指導要録の改善等について」を踏まえ，出席日数の内数として出席扱いと した日数及び児童生徒が通所又は入所した学校外の施設名を記入すること。

（別記2）不登校児童生徒が自宅においてICT等を活用した学習活動を行った場合の指 導要録上の出欠の取扱いについて

1　趣旨

　不登校児童生徒の中には,学校への復帰を望んでいるにもかかわらず,家庭にひきこ もりがちであるため,十分な支援が行き届いているとは言えなかったり,不登校である ことによる学習の遅れなどが,学校への復帰や中学校卒業後の進路選択の妨げになって いたりする場合がある。このような児童生徒を支援するため,我が国の義務教育制度を 前提としつつ,一定の要件を満たした上で,自宅において教育委員会,学校,学校外の 公的機関又は民間事業者が提供するICT等を活用した学習活動を行った場合,校長は, 指導要録上出席扱いとすること及びその成果を評価に反映することができることとする。

2　出席扱い等の要件

　義務教育段階における不登校児童生徒が自宅においてICT等を活用した学習活動を 行うとき,当該児童生徒が在籍する学校の長は,下記の要件を満たすとともに,その学 習活動が,当該児童生徒が現在において登校を希望しているか否かにかかわらず,自ら登校を希望した際に,円滑な学校復帰が可能となるような学習活動であり,かつ,当該 児童生徒の自立を助けるうえで有効・適切であると判断する場合に,指導要録上出席扱いとすること及びその成果を評価に反映することができる。

(1) 保護者と学校との間に十分な連携・協力関係が保たれていること。

(2) ICT等を活用した学習活動とは,ICT(コンピュータやインターネット,遠隔教育システムなど) や郵送,FAXなどを活用して提供される学習活動であること。

(3) 訪問等による対面指導が適切に行われることを前提とすること。対面指導は,当該児童生徒に 対する学習支援や将来の自立に向けた支援などが定期的かつ継続的に行われるものであること。

(4) 学習活動は,当該児童生徒の学習の理解の程度を踏まえた計画的な学習プログラムであること。 なお,学習活動を提供するのが民間事業者である場合には,「民間施設 についてのガイドライン (試案)」(別添3)を参考として,当該児童生徒にとって 適切であるかどうか判断すること。(「学習活動を提供する」とは,教材等の作成者ではなく,当該児童生徒に対し学習活動を行わせる 主体者を指す。)

(5) 校長は,当該児童生徒に対する対面指導や学習活動の状況等について,例えば,対面指導に 当たっている者から定期的な報告を受けたり,学級担任等の教職員や保護者などを含めた連絡 会を実施したりするなどして,その状況を十分に把握すること。

(6) ICT等を活用した学習活動を出席扱いとするのは,基本的に当該児童生徒が学校外の公的機 関や民間施設において相談・指導を受けられないような場合に行う学習活動であること。なお, 上記(3)のとおり,対面指導が適切に行われていることを前提とすること。

(7) 学習活動の成果を評価に反映する場合には,学校が把握した当該学習の計画や内容 がその学校の教育課程に照らし適切と判断される場合であること。

3　留意事項

(1) この取扱いは,これまで行ってきた不登校児童生徒に対する取組も含め,家庭にひきこもりがちな義務教育段階の不登校児童生徒に対する支援の充実を図り,社会的な自立を目指すものであることから,ICT等を活用した学習活動を出席扱いとすることにより不登校が必要な程度を超えて長期にわたることを助長しないよう留意すること。

(2) ICTを活用する場合には,個人情報や著作権の保護,有害情報へのアクセス防止など,当該児童生徒に対して必要な事前の指導を行うとともに,その活用状況についての把握を行うこと。その際,ICTの活用について保護者にも十分な説明を行うとともに,活用状況の把握について必要な協力を求めること。

(3) 教職員や不登校児童生徒の教育に関する専門家以外の者が対面指導を行う場合には,教育委員会や学校等が適切な事前の指導や研修,訪問活動中の援助を行うなど,訪問する者の資質向上等に努めること。

(4) 出席扱いの日数の換算については,学校や教育委員会が,例えば,対面指導の日数や学習活動の時間などを基準とした規程等を作成して判断することなどが考えられること。

(5) ICT等を活用した学習活動の成果を評価に反映する場合の指導要録への記載については,必ずしもすべての教科・観点について観点別学習状況及び評定を記載することが求められるのではないが,児童生徒の学習状況を文章記述するなど,次年度以降の指導の改善に生かすという観点に立った適切な記載がなされるようにすること。また,通知表その他の方法により,児童生徒や保護者等に学習活動の成果を伝えたりすることも考えられること。

(6) このほか,本制度の活用に当たっては,別紙を参照すること。

4　指導要録の様式等について

上記の取扱いの際の指導要録の様式等については,平成31年3月29日付け30文科初第1845号「小学校,中学校高等学校及び特別支援学校等における児童生徒の学習評価及び指導要録の改善等について」を踏まえ,出席日数の内数として出席扱いとした日数及び児童生徒が通所又は入所した学校外の施設名を記入すること。

以下省略
(別添1) 児童生徒理解支援シート(参考様式)
(別添2) 児童生徒理解・支援シートの作成と活用について
(別添3) 民間施設ガイドライン
(別添4) 教育支援センターガイドライン

義務教育の段階における普通教育に相当する教育の機会の確保等に関する法律の施行状況に関する議論のとりまとめ（抄）

2019（令和元）年6月21日　不登校に関する調査研究協力者会議
フリースクール等に関する検討会議
夜間中学設置推進・充実協議会

Ⅰ.夜間その他特別な時間において授業を行う学校における就学の機会の提供等（省略）

Ⅱ.不登校児童生徒等に対する教育機会の確保等について
1.不登校児童生徒等に対する教育機会の確保等

条文	現状・課題	対応の方向性
（学校における取組への支援）第八条　国及び地方公共団体は、全ての児童生が豊かな学校生活を送り、安心して教育を受けられるよう、児童生徒と学校の教職員との信頼関係及び児童生徒相互の良好な関係の構築を図るための取組、児童生徒の置かれている環境その他の事情及びその意思を把握するための取組、学校生活上の困難を有する個々の児童生徒の状況に応じた支援その他の学校における取組を支援するために必要な措置を講ずるよう努めるものとする。	○小・中学校における不登校児童生徒数は、平成25年度以降5年連続で増加している。 →小中合計144,031人（在籍児童生徒数（9,820,851人）の1.5%） →小学校：35,032人（0.5%） →中学校：108,999人（3.2%）（平成29年度問題行動等調査、以下同じ。） ○不登校児童生徒の約6割が90日以上欠席しており、依然として不登校が長期に及ぶ児童生徒が多い。 ○法や基本指針の内容が教職員に十分周知されておらず、その趣旨に基づく対応が徹底されていない。 →教職員に対し、研修を通じ法及び同法に基づく基本指針の趣旨等の周知徹底を行った教育委員会等：315（約16%） （平成30年度実態調査）	○不登校になってからの事後的な取組だけでなく、全ての児童生徒にとって学校が安心感、充実感を得られる活動の場となるような「魅力ある学校づくり」を目指す取組いじめ、暴力行為体罰等を許さない学校づくりの推進、児童生徒との信頼関係や児童生徒相互の良好な人間関係の構築、将来の自立と社会参加を踏まえ個々の発達特性に応じた学びができるような授業改善、児童生徒の学習状況等に応じた指導方法や指導体制の工夫改善等）を推進する。 ○不登校児童生徒の支援に当たっては、校長のリーダーシップの下、教職員だけでなく専門スタッフ等を活用し、チーム学校として児童生徒の状況等のアセスメントを行った上で、多様な教育機会を踏まえた組織的・計画的な支援を行うものとする。

○全ての教職員が法や基本指針の趣旨(不登校)というだけで問題行動であると受け取られないよう配慮し、児童生徒の最善の利益を最優先に支援を行うことが重要であること、多様な学習活動の実情を踏まえ、個々の不登校児童生徒に応じた必要な支援が行われること、登校という結果のみを目標にするのではなく、児童生徒が自らの進路を主体的に捉え、社会的に自立することを目指す必要があること、これらの支援は児童生徒の意思を十分に尊重しつつ行うこと、児童生徒や保護者を追い詰めることのないよう配慮しなければならないこと等)を踏まえ、個々の不登校児童生徒の状況に応じた支援等を行うことができるよう、校内研修を始めとする教職員研修等を通じ、法や基本指針の理解を深めるとともに、民間の団体等と連携するなどして、多様な教育機会の確保等に資する実践について学ぶための方策を検討する。

○学校において、不登校児童生徒の個々の状況に応じ、関係機関と連携した支援を行うことができるようチーム学校を一層充実させるため、スクールカウンセラー及びスクールソーシャルワーカーの配置を推進する。

条文	現状・課題	対応の方向性
（支援の状況等に係る情報の共有の促進等） 第九条　国及び地方公共団体は、不登校児童生徒に対する適切な支援が組織的かつ継続的に行われることとなるよう、不登校児童生徒の状況及び不登校児童生徒に対する支援の状況に係る情報を学校の教職員、心理、福祉等に関する専門的知識を有する者その他の関係者間で共有することを促進するために必要な措置その他の措置を講ずるものとする。	○学校内及び関係機関との情報共有について、情報共有すべき事柄、情報共有の方法があらかじめ定められていない学校がある。 ○285約（15%）の教育委員会等が「児童生徒理解・支援シート」を活用した組織的・計画的支援に新たに取り組んだほか、220（約11%）の教育委員会等が活用を検討している。 （平成30年度実態調査）	○学校は、校長のリーダーシップの下、必要に応じて不登校児童生徒の状況に係る情報の共有を行い、適切なアセスメントに基づく組織的・計画的な支援を行うための組織を設置するものとする。 ○学校は、不登校に係る情報共有の体制や方法、共有すべき事柄（本人の状況、家族の状況、校内での人間関係など）をあらかじめ整理し、教職員間で共有しておくものとする。 ○個々の児童生徒にあった支援策を策定するため、教職員やスクールカウンセラー・スクールソーシャルワーカー等の専門スタッフが児童生徒や保護者と話し合うなどして、「児童生徒理解・支援シート」を作成するとともに、その活用を促進し、関係者間で必要な情報を共有した上で、組織的・計画的な支援を行うことができるようにする。 ○スクリーニング会議の実施等を通じた早期発見・早期対応のための学校における組織的な取組を推進する。

条文	現状・課題	対応の方向性
（特別の教育課程に基づく教育を行う学校の整備等） 第十条　国及び地方公共団体は、不登校児童生徒に対しその実態に配慮して特別に編成された教育課程に基づく教育を行う学校の整備及び当該教育を行う学校における教育の充実のために必要な措置を講ずるよう努めるものとする。	○特別に編成された教育課程に基づく教育を行う学校（不登校特例校）は全国に12校あり、このうち法成立後、新たに設置されたものは2校。 ○59の教育委員会等が不登校特例校の設置を検討している。 （平成30年度実態調査）	○不登校特例校の設置や取組の事例等の周知、設置の申請に係る支援の強化など、公私立における設置促進に向けた方策を検討する。 ○不登校児童生徒の個々の状況に応じ、関係機関と連携した支援を行うことができるようチーム学校を一層充実させるため、スクールカウンセラー及びスクールソーシャルワーカーの配置を推進する。
（学習支援を行う教育施設の整備等） 第十一条　国及び地方公共団体は、不登校児童生徒の学習活動に対する支援を行う公立の教育施設の整備及び当該支援を行う公立の教育施設における教育の充実のために必要な措置を講ずるよう努めるものとする。	○教育支援センターは全国に1,295箇所、約6割の自治体に設置されている。（平成30年度実態調査、以下同じ。） ○設置していない自治体における未設置の主な理由は、「通所を希望する不登校の児童生徒が少ないと見込まれるため」や「予算・場所の確保が困難なため」である。 ○教育支援センターの在籍者は、公立学校の児童生徒が約98％であり、私立学校の児童生徒は約1にとどまっている。 ○約3割の教育支援センターが家庭への訪問指導を行っている。 ○運営をNPO法人に委託するなど、公と民との連携により施設の設置・運営を行う取組がみられる。	○国は、教育支援センターの位置付けについて、法令上、明確化することを検討する。 ○教育支援センターが設置されていない自治体への設置を推進するほか、近隣の既設のセンターとの連携や複数の自治体による広域連携、公と民との連携、既存の公的施設の活用等によるセンターの設置等、学校外の公的機関による支援体制の整備を推進する。 ○ICTを活用した学習機会の提供、訪問型支援、保護者や学校の教職員へのコンサルテーションなど、支援の中核としての教育支援センターの機能強化を図るほか、地域の大学等の教育機関を含め関係機関と連携した支援体制の構築を推進する。 ○教育支援センターの機能強化に向け、スクールカウンセラー・スクールソーシャルワーカー等の専門的知識を有する者の配置を推進する。

条文	現状・課題	対応の方向性
（学校以外の場における学習活動の状況等の継続的な把握） 第十二条　国及び地方公共団体は、不登校児童生徒が学校以外の場において行う学習活動の状況、不登校児童生徒の心身の状況その他の不登校児童生徒の状況を継続的に把握するために必要な措置を講ずるものとする。	○9割以上の教育支援センターが、通所の実績や支援の状況等に関して、定期的な文書等により教育委員会と情報共有を行っている。 （平成30年度実態調査、以下同じ。） ○教育委員会等と連携のある民間団体・施設の約7割が、通所の実績や支援の状況等に関して、定期的な文書等により教育委員会等と情報共有を行っている。	○「児童生徒理解・支援シート」等を活用した関係機関（多様な学びの場を確保する観点から、個々の事情に応じて児童館・図書館等の公の施設を含む）間の情報共有を推進する。 ○学校は、校長のリーダーシップの下、必要に応じて不登校児童生徒の状況に係る情報の共有を行い、適切なアセスメントに基づく組織的・計画的な支援を行うための組織を設置するものとする。 ○スクールカウンセラー・スクールソーシャルワーカー等を活用した個々の不登校児童生徒の状況の継続的な把握を推進する。
（学校以外の場における学習活動等を行う不登校児童生徒に対する支援） 第十三条　国及び地方公共団体は、不登校児童生徒が学校以外の場において行う多様で適切な学習活動の重要性に鑑み、個々の不登校児童生徒の休養の必要性を踏まえ、当該不登校児童生徒の状況に応じた学習活動が行われることとなるよう、当該不登校児童生徒及びその保護者（学校教育法第十六条に規定する保護者をいう。）に対する必要な情報の提供、助言その他の支援を行うために必要な措置を講ずるものとする。	○法や基本指針の趣旨が教職員に十分周知されておらず、不登校児童生徒の「支援に際しては、登校という結果のみを目標にするのではなく、児童生徒が自らの進路を主体的に捉えて、社会的に自立することを目指す必要がある。」といった基本指針の趣旨に基づく対応が徹底されていない。 →教職員に対し、研修を通じ法及び同法に基づく基本指針の趣旨等の周知徹底を行った教育委員会等：315（約16%） （平成30年度実態調査、以下同じ。） ○約8割の教育委員会等が児童生徒や保護者に対し、不登校児童生徒が相談・指導を受けることができる学校外の機関等についての情報提供	○全ての教職員が法や基本指針の趣旨（不登校というだけで問題行動であると受け取られないよう配慮し、児童生徒の最善の利益を最優先に支援を行うことが重要であること、多様な学習活動の実情を踏まえ、個々の不登校児童生徒に応じた必要な支援が行われること、登校という結果のみを目標にするのではなく、児童生徒が自らの進路を主体的に捉え、社会的に自立することを目指す必要があること、これらの支援は児童生徒の意思を十分に尊重しつつ行うこと、児童生徒や保護者を追い詰めることのないよう配慮しなければならないこと等）を踏まえ、個々の不登校児童生徒の状況に応じた支援等を行うことができるよう、

ができる学校外の機関等についての情報提供をしている。

○約15%の教育委員会等が、不登校児童生徒の支援に当たり、民間の団体・施設と連携している。連携していない主な理由としては、「域内に民間の団体・施設がないため」や「不登校児童生徒が利用できる施設が他にあるため」。

ことができるよう、校内研修を始めとする教職員研修等を通じ、法や基本指針の理解を深めるとともに、民間の団体等と連携するなどして、多様な教育機会の確保等に資する実践について学ぶための方策を検討する。

○「児童生徒理解・支援シート」等の法の趣旨に沿った活用を促進する。

○教育委員会等と民間の団体・施設の連携推進に向けた方策を検討する。

○私立学校に在籍する不登校児童生徒への支援を推進する観点から、首長部局との連携を図る方策を検討する。

○保護者に対し、不登校児童生徒が相談・指導を受けることができる学校外の機関等についての情報提供を推進するための方策を検討する。

○国は、学校以外の場における学習活動の制度上の位置づけについて、その実態や就学義務との関係を踏まえつつ、引き続き検討する。

2. 教育機会の確保等に関するその他の施策

条文	現状・課題	対応の方向性
（調査研究等） 第十六条　国は、義務教育の段階における普通教育に相当する教育を十分に受けていない者の実態の把握に努めるとともに、その者の学習活動に対する支援の方法に関する調査研究並びにこれに関する情報の収集、整理、分析及び提供を行うものとする。	○教育支援センター及び民間団体における支援体制の整備等を目的として、平成29年度予算から「学校以外の場における教育機会の確保等に関する調査研究」を実施し、結果については会議等の場で共有している。	○不登校児童生徒の実態や要因等に関する調査研究について検討する。
（国民の理解の増進） 第十七条　国及び地方公共団体は、広報活動等を通じて、教育機会の確保等に関する国民の理解を深めるよう必要な措置を講ずるよう努めるものとする。	○法や基本指針の内容が児童生徒、保護者、地域の関係機関等に十分周知されていない。 →法の趣旨を周知するため広報活動に取り組んだ教育委員会等：89(約5%) 今後検討している教育委員会等：231(約12%) （平成30年度実態調査）	○国は、教育機会の確保等の観点から不登校児童生徒に関する支援や調査研究の結果等について、全国的な広報を行うとともに、自治体や民間の団体等における広報活動を支援するための方策を検討する。
（人材の確保等） 第十八条　国及び地方公共団体は、教育機会の確保等が専門的知識に基づき適切に行われるよう、学校の教職員その他の教育機会の確保等に携わる者の養成及び研修の充実を通じたこれらの者の資質の向上、教育機会の確保等に係る体制等の充実のための学校の教職員の配置、心理、福祉等に関する専門的知識を有する者であって教育相談に応じるものの確保その他の必要な措置を講ずるよう努めるものとする。	○教職員に対する研修を通じた教育機会確保法及び同法に基づく基本指針の趣旨等の周知に新たに取り組んだ教育委員会等は16%であり、今後こうした研修の実施を検討している教育委員会等は15%である。 （平成30年度実態調査） ○令和元年度予算において、スクールカウンセラー（SC）を全公立小中学校に、スクールソーシャルワーカー（SSW）を全中学校区に配置するために必要な予算を計上する等、段階的に配置の拡充に努めている。	○全ての教職員が法や基本指針の趣旨(不登校というだけで問題行動であると受け取られないよう配慮し、児童生徒の最善の利益を最優先に支援を行うことが重要であること、多様な学習活動の実情を踏まえ、個々の不登校児童生徒に応じた必要な支援が行われること、登校という結果のみを目標にするのではなく、児童生徒が結果のみを目標にするのではなく、児童生徒が自らの進路を主体的に捉え、社会的に自立することを目指す必要があること、これらの支援は児童生徒の意思

・国の支援を活用して配置された実績(H29)SC：8,782人 SSW：2,041人(うちSV209人) ・令和元年度予算額 SC：4,738百万円, ＳＳＷ：1,722百万円様な教育機会の確保等に資する	を十分に尊重しつつ行うこと、児童生徒や保護者を追い詰めることのないよう配慮しなければならないこと等)を踏まえ、個々の不登校児童生徒の状況に応じた支援等を行うことができるよう、校内研修を始めとする教職員研修等を通じ、法や基本指針の理解を深めるとともに、民間の団体等と連携するなどして、多様な教育機会の確保等に資する実践について学ぶための方策を検討する。
	○児童生徒が必要とする支援ができる体制を整備し、チーム学校を一層充実させるため、スクールカウンセラー及びスクールソーシャルワーカーの配置を拡充するとともに、スーパーバイザーの育成・活用も含めその専門的資質の向上に向けた検討を行う。
	○教育支援センターや民間の団体等の学校以外の学習の場における教育の機会の確保や相談等に携わる人材の養成及び研修等について推進する。
	○学校は、スクールカウンセラー及びスクールソーシャルワーカーと連携して支援に当たるコーディネーターの役割を担う教職員を予め決めておくなど、校長のリーダーシップの下、学校における組織的な支援体制の整備を推進する。

条文	現状・課題	対応の方向性
（相談体制の整備） 第二十条　国及び地方公共団体は、義務教育の段階における普通教育に相当する教育を十分に受けていない者及びこれらの者以外の者であって学校生活上の困難を有する児童生徒であるもの並びにこれらの者の家族からの教育及び福祉に関する相談をはじめとする各種の相談に総合的に応ずることができるようにするため、関係省庁相互間その他関係機関、学校及び民間の団体の間の連携の強化その他必要な体制の整備に努めるものとする。	○不登校児童生徒のうち、養護教諭、スクールカウンセラー、相談員等による相談・指導を受けた人数は約半数。72,183人（50.1%）（平成29年度問題行動等調査） ○約500の教育委員会において、不登校児童生徒が多く在籍する小学校や中学校に対し、その支援のためスクールカウンセラーやスクールソーシャルワーカーの配置を工夫している。（平成30年度実態調査）	○児童生徒が必要とする支援ができる体制を整備し、チーム学校を一層充実させるため、スクールカウンセラー及びスクールソーシャルワーカーの配置を拡充するとともに、スーパーバイザーの育成・活用も含めその専門的資質の向上に向けた検討を行う。 ○スクールカウンセラー・スクールソーシャルワーカー等を活用した組織的な教育相談体制の充実を図り、その取組の積極的な周知を推進する。 ○「児童生徒理解・支援シート」等を活用した関係機関（多様な学びの場を確保する観点から、個々の事情に応じ児童館・図書館等の公の施設を含む）間の情報共有を推進する。

3. 附則

条文	現状・課題	対応の方向性
（検討） 2　政府は、速やかに、教育機会の確保等のために必要な経済的支援の在り方について検討を加え、その結果に基づいて必要な措置を講ずるものとする。	○文部科学省において、平成29年度予算から「学校以外の場における教育機会の確保等に関する調査研究」を行い、交通費や体験活動費の支援による実践研究を通じた検討を行っている。 ○約60の教育委員会等で不登校児童生徒が学校外の機関等に通うための経済的支援を行っている。 （平成30年度実態調査、以下同じ。）」 ○民間の団体等の会費について、教育委員会等による補助制度がある団体等は約8％、当該民間の団体等で減免制度がある団体等は約14％である。また、約88％の団体等では、教育委員会等による通所等に係る経済的支援（会費への補助を除く）が行われていない。	○多様な教育機会の確保のために必要な経済的支援の方策について、現行制度の活用も含め、引き続き検討する。

※教育委員会等：教育委員会、知事部局、国立大学法人及び公立大学法人（計1964

※平成29年度問題行動等調査：平成29年度文部科学省「児童生徒の問題行動・不登校等生徒指導上の諸課題に関する調査」

※平成30年度実態調査：不登校児童生徒の支援に係る実態調査（平成31年1月8日付け事務連絡）

2016年7月31日　学校安全全国ネットワーク作成
『指針ガイド20　学校事故対応に関する文科省指針』所収

〈指針ガイド20の解説〉
『指針ガイド20 学校事故対応に関する文科省指針』はしがきより

　2016年3月31日、文部科学省（初等中等教育局長・小松親次郎名）は、各都道府県教育委員会教育長あてほかに、『「学校事故対応に関する指針」の公表について』を通知しました。

　この文科省「学校事故対応に関する指針」（以下、文科省指針という）について、基本的な指針部分20を取り出して、指針ガイドとして以下のとおり、4つの柱で再編集したのが、この『指針ガイド20』です。

　この文科省指針については、以下のような活用方法があると考えられます。

　一つは、全国各地で、地域の実情、子どもや学校の状況に応じて、地域版の「学校事故対応マニュアル」として作成し、活用してもらうことです。既存の危機管理マニュアルを改訂していく方法もあります。その場合も教育委員会が要綱として作成することが望ましいと考えますが、PTAや地域の団体で作成しておくこともいいでしょう。

　二つには、不幸にして学校の重大事故が発生した際に、学校や教育委員会などの対応についての検証作業、とくに評価基準、点検基準として活用することも考えられます。

　三つには、この指針をより有効に活用していくために、その内容上、①要綱、規則にしておくもの、②条例にしておくもの、③法律にしておくものに分類して、教育委員会・自治体や国への働きかけの材料とすることです。たとえば、遺族との信頼関係を構築していくためのコーディネーターの設置などは、条例で設置していくことが望ましいでしょう。

2016年7月31日　学校安全全国ネットワーク　代表　喜多明人

　※指針ガイド20の全文は、喜多明人編『子どもの学ぶ権利と多様な学び—誰もが安心して学べる社会へ』エイデル研究所、2020年、所収、を参照してください。

指針ガイド20　目次・構成

第三者調査委員会に関する基本的な指針―文科省の10の指針―

指針ガイド①　**第三者調査委員会の設置（基本調査から詳細調査への移行）の判断基準**

○判断主体である学校設置者は、

　1)「被害児童生徒等の保護者の要望がある場合」あるいは

　2)「教育活動自体に事故の要因があると考えられる場合」には、

「詳細調査」（第三者調査委員会に相当）を行い、原因究明に当たること、

【指針3-3-(2)】

〈判断主体〉

○詳細調査への移行の判断は，基本調査の報告を受けた学校の設置者が行う。その際，私立・株式会社立学校については，必要に応じて，都道府県等担当課が支援・助言を行うこととする。

〈手続き的配慮〉

○「外部専門家等の意見を求めたり」，「被害児童生徒等の保護者の意向に十分配慮」

【指針3-3-(1)】

指針ガイド②　第三者調査委員会の目的　〈責任追及型の調査ではないこと〉

○調査の目的は，

　　1）再発防止のほか，

　　2）児童生徒等と保護者の「事実に向き合いたいなどの希望に応えるため」

　　→「民事・刑事上の責任追及やその他の訴訟等への対応を直接の目的とするこのではない」

【指針3-1-(1)】

○調査委員会の設置に際しても，指針では，「原因究明及び再発防止のための取組について検討するためのものであって，責任追及や処罰等を目的としたものではない」としています。

【指針3-1-(2)】

　参考　裁判を前提とした責任追及型調査に対して

　　　　文科省の「学校事故対応に関する調査・研究」有識者会議(2016年2月9日)に対する全国学校事故・事件を語る会「学校事故・事件の事後対応のあり方について（要望）」(2015年9月15日付)

　　　　「社会的信頼の確保」や「被害者・遺族の知る権利を保障」するためには・・・・「責任追及や賠償責任を果たしたり、被害者や遺族の『事実を知りたい』との願いに応えたりすることができないレベルの事実調査では、再発防止策を作ることは到底できないのである。」

　　　　（「事実調査」9〜10ページ）として、「教職員への支援」として「処分の受入れ」を、また「社会的信頼の確保」として「関係者の処分等の決定」（「事後対応の指針」8ページ）などを求めていること

　指針ガイド③　調査の主体〈学校ではなく学校設置者〉

　　＊調査の主体＝調査委員会を立ち上げ、その事務を担う

　　○公立学校及び国立学校における調査の主体は，特別の事情がない限り，「学校ではなく，学校の設置者とする」（私立学校及び株立学校における調査主体は，学校設置者のほか、重大事故について都道府県担当課が行うことができる）

【指針3-1-(2)】

　参考　学校設置者＝教育委員会も調査対象となる場合

　　　　調査委員会の設置条件の一つである「教育活動自体が事故の要因と考えられる場合」として、学校設置者＝教育委員会も調査対象となる場合（たとえば、足利市中学生就労死亡事故など）も想定しなければなりません。その場合には、首長や議会なども「調査の主体」となりうる。

調査委員会の専門性、公平性、中立性

○死亡事故等の詳細調査は、「外部の委員で構成する調査委員会を設置」して行う、とし、「事故に
　至る過程や原因を調査するための高い専門性が求められるため，中立的な立場の外部専門家
　が参画し，調査の公平性・中立性を確保すること」

【指針3-4-(2)】

　調査委員会の独立性

　　　拙著『子どもの権利―次世代につなぐ』エイデル研究所2015年

　調査委員会の組織構成と選考方法

○調査委員会の構成については，学識経験者や医師，弁護士，学校事故対応の専門家等の専門
　的知識及び経験を有する者であって，調査対象となる事案の関係者と直接の人間関係又は特別
　の利害関係を有しない者（第三者）について，職能団体や大学，学会からの推薦等により参加を
　図ることにより，当該調査の公平性・中立性を確保することが求められる。

【指針3-4-(2)】

　関係団体の推薦方式

　　　そこでは、大津市の第三者調査委員会などでみられた委員選考への遺族等の希望を入れ
　　　るどうか？

　既存の相談救済機関（たとえば子どもオンブズ）がある場合

　　　その期間が有する調査権の行使を代替する第三者調査委員会を立ち上げることもあり得る（長
　　　野県「子ども支援条例」）。

　報酬を伴う委員の設置

　　　判例上は条例化することが有力視されていることから、議会による選考などもありえる。

○検証委員会の構成については，弁護士や学識経験者，学校事故対応の専門家等の専門的知識
　及び経験を有する者であって，調査対象となる事案の関係者と直接の人間関係又は特別の利害
　関係を有しない者（第三者）について，職能団体や大学，学会からの推薦等により参加を図ること
　により，当該調査の公平性・中立性を確保することが求められる。

【指針3-4-(2)】

○「事故に至る過程や原因を調査するための高い専門性が求められるためそのような専門性を有
　する弁護士参加の意義が強調されて良い。その意味では、指針案では筆頭にあった「弁護士」
　が後退した位置にあることが気になるところである。

○委員名の公表

　　「委員の氏名については、「特別な事情がない限り公表することが望ましい。」

○第三者調査委員会の「専門調査員」を制度化

　　「例えば，聴き取り調査等を行い，事実関係を整理するための補助者を，調査委員会の構成員と
　　は別に置いておくなどが考えられる。」

【指針3-4-(2)】

調査の計画と実施—遺族等への説明責任、プライバシー保護

○調査委員会において、「詳細調査の計画と見通し」を立てた上で、「調査の趣旨等の確認と、調査方法や期間、被害児童生徒等の保護者への説明時期(経過説明を含む)、調査後の児童生徒等・保護者などへの説明の見通し等を検討する」

○「プライバシー保護の観点から、委員会は非公開とすることができる。」

非公開とした際には、「調査委員会の内容については、報告を受けた学校の設置者が被害児童生徒等の保護者に適切に情報共有を行う」

【指針3-4-(3)】

指針ガイド⑦ **調査委員会の情報収集の手順と方法**○以下のように手順を定めた

①基本調査の確認

②学校以外の関係機関への聴き取り

①状況に応じ、事故が発生した場所等における実地調査(安全点検)

②被害児童生徒等の保護者からの聴き取り

【指針3-4-(3)】

〈記録、テープ録音〉

○調査の事前説明として「できるだけ正確に話の内容を記録するため、録音することもあるが、録音データは、調査報告としての記録作成のみに使用すること。」

【指針3-2-(3)】

> **参考** 文科省の指針案(3月2日公表)段階では、記録やメモをとる必要性は強調されているが、テープ録音には触れていない。一歩前進とみるべきか?

指針ガイド⑧ **事故原因の分析評価と再発防止の提言**

○事故に至る過程や原因の調査(分析評価)は、目的と目標に基づいて客観的に行われることが必要であり、調査委員会の構成員は常に中立的な視点を保つことが必要である。

○事故が起きた後の時間の経過等に伴う制約の下で、可能な限り、偏りのない資料や情報を多く収集、整理し、それらの信頼性の吟味を含めて、客観的に、特定の資料や情報にのみ依拠することなく総合的に分析評価を行うよう努める。

○基本的にはある程度委員間で一致した見解を取りまとめる方向での調整が必要だが、それぞれの委員の専門性の違いなどがある場合には、複数の視点からの分析評価を取りまとめることも想定しうる。

○事故に至る過程や原因の調査で、複雑な要因が様々に重なったことが明らかになる場合もあると思われるが、それぞれの要因ごとに、児童生徒等の事故を防げなかったことの考察などを踏まえて課題を見つけ出すとともに、児童生徒等を　とする安全教育の実施を含め、当該地域・学校における児童生徒等の事故の再発防止・事故予防のために何が必要かという視点から、今後の改善策を、可能な範囲でまとめる。

【指針3-4-(5)】

学校・学校設置者による提言の実施と点検・評価

○学校又は学校の設置者は，報告書の提言を受けて，当該校の教職員や同地域の学校の教職員間等で報告書の内容について共通理解を図るなどし，速やかに具体的な措置を講ずるとともに，講じた措置及びその実施状況について，適時適切に点検・評価する。その際，その求めに応じて，都道府県教育委員会は域内の市区町村教育委員会に対して，都道府県等担当課は所轄の学校に対して必要な支援・助言を行う。

【指針4-(1)】

参考　報告書提出後のモニタリングシステムの不在の問題
　　　*提言の実施について学校・学校設置者の自己評価だけでよいのか？
　　　*提言の形骸化の歯止めを求めて
　　　事例：足利市第三者調査委員会報告書を読む会の設立
　　　参考文献：読む会編『検証　足利：中学生の就労死亡事件—第三者調査委員会がめざしたもの』2015年9月発行・エイデル研究所編集製作)

参考　保育施設等の重大事故対応におけるモニタリングシステム
　　　*2015年12月21日，厚労省・文科省の教育・保育施設等における重大事故の再発防止策に関する検討会「最終取りまとめ」参照。
　　　提言の実効性を確保していくシステムとして，「a　検証委員会は，検証結果とともに，再発防止のための提言をまとめ，都道府県又は市町村に報告する。b　都道府県又は市町村は，プライバシー保護及び保護者の意向に十分配慮した上で，検証組織の提言を公表することを原則とするとともに，提言を踏まえた措置の内容及び当該措置の実施状況について，検証委員会に報告する。c　検証委員会は，提言に対する都道府県又は市町村の取組状況の報告を基に評価を行い，都道府県又は市町村に報告する。d　都道府県又は市町村は，検証委員会の報告を踏まえ，必要に応じ，関係機関，関係者に対し指導を行う。e　都道府県又は市町村においては，検証結果について，国に報告する。」とした。

報告書の調査資料の保存・管理

○調査結果の報告を受けた学校の設置者又は都道府県等担当課は，報告書に係る調査資料を，学校の設置者等の文書管理規定に基づき適切に管理する。

【指針3-4-(6)】

参考　裁判所、警察等の文書提出命令に対して、保存管理する役所は拒否できない。
　　　国レベルの＜調査委員会の調査文書管理・保存法＞の必要性

[資料5] 不登校の子どもの権利宣言

2009年8月22日　全国子ども交流合宿「ばおばお」参加者一同

前文

　私たち子どもはひとりひとりが個性を持った人間です。

　しかし、不登校をしている私たちの多くが、学校に行くことが当たり前という社会の価値観の中で、私たちの悩みや思いを、十分に理解できない人たちから心無い言葉を言われ、傷つけられることを経験しています。

　不登校の私たちの権利を伝えるため、すべてのおとなたちに向けて私たちは声をあげます。

　おとなたち、特に保護者や教師は、子どもの声に耳を傾け、私たちの考えや個々の価値観と、子どもの最善の利益を尊重してください。そして共に生きやすい社会をつくっていきませんか。

　多くの不登校の子どもや、苦しみながら学校に行き続けている子どもが、一人でも自身に合った生き方や学び方を選べる世の中になるように、今日この大会で次のことを宣言します。

一、教育への権利

　私たちには、教育への権利がある。学校へ行く・行かないを自身で決める権利がある。義務教育とは、国や保護者が、すべての子どもに教育を受けられるようにする義務である。子どもが学校に行くことは義務ではない。

二、学ぶ権利

　私たちには、学びたいことを自身に合った方法で学ぶ権利がある。学びとは、私たちの意思で知ることであり他者から強制されるものではない。私たちは、生きていく中で多くのことを学んでいる。

三、学び・育ちのあり方を選ぶ権利

　私たちには、学校、フリースクール、フリースペース、ホームエデュケーション（家で過ごし・学ぶ）など、どのように学び・育つかを選ぶ権利がある。おとなは、学校に行くことが当たり前だという考えを子どもに押し付けないでほしい。

四、安心して休む権利

　私たちには、安心して休む権利がある。おとなは、学校やそのほかの通うべきとされたところに、本人の気持ちに反して行かせるのではなく、家などの安心できる環境で、ゆっくり過ごすことを保障してほしい。

五、ありのままに生きる権利

　私たちは、ひとりひとり違う人間である。おとなは子どもに対して競争に追いたてたり、比較して優劣をつけてはならない。歩む速度や歩む道は自身で決める。

六、差別を受けない権利

不登校、障がい、成績、能力、年齢、性別、性格、容姿、国籍、家庭事情などを理由とする差別をしてはならない。

例えばおとなは、不登校の子どもと遊ぶと自分の子どもまでもが不登校になるという偏見から、子ども同士の関係に制限を付けないでほしい。

七、公的な費用による保障を受ける権利

学校外の学び・育ちを選んだ私たちにも、学校に行っている子どもと同じように公的な費用による保障を受ける権利がある。

例えば、フリースクール・フリースペースに所属している、小・中学生と高校生は通学定期券が保障されているが、高校に在籍していない子どもたちには保障されていない。すべての子どもが平等に公的費用を受けられる社会にしてほしい。

八、暴力から守られ安心して育つ権利

私たちには、不登校を理由にした暴力から守られ、安心して育つ権利がある。おとなは、子どもに対し体罰、虐待、暴力的な入所・入院などのあらゆる暴力をしてはならない。

九、プライバシーの権利

おとなは私たちのプライバシーを侵害してはならない。

例えば、学校に行くよう説得するために、教師が家に勝手に押しかけてくることや、時間に関係なく何度も電話をかけてくること、親が教師に家での様子を話すこともプライバシーの侵害である。私たち自身に関することは、必ず意見を聞いてほしい。

十、対等な人格として認められる権利

学校や社会、生活の中で子どもの権利が活かされるように、おとなは私たちを対等な人格として認め、いっしょに考えなければならない。子どもが自身の考えや気持ちをありのままに伝えることができる関係、環境が必要である。

十一、不登校をしている私たちの生き方の権利

おとなは、不登校をしている私たちの生き方を認めてほしい。私たちと向き合うことから不登校を理解してほしい。それなしに、私たちの幸せはうまれない。

十二、他者の権利の尊重

私たちは、他者の権利や自由も尊重します。

十三、子どもの権利を知る権利

私たちには、子どもの権利を知る権利がある。国やおとなは子どもに対し、子どもの権利を知る機会を保障しなければならない。子どもの権利が守られているかどうかは、子ども自身が決める。

■ 著者一覧（執筆順）

【第1部】
中村 国生（多様な学び保障法を実現する会事務局、NPO法人東京シューレ）

汐見 稔幸（多様な学び保障法を実現する会共同代表、東京大学名誉教授、ぐうたら村村長）

喜多 明人（多様な学び保障法を実現する会共同代表、早稲田大学名誉教授）

王 美玲（淡江大学准教授）

【第2部】
吉田 敦彦（大阪府立大学教育福祉学類教授）

古山 明男（おるたネット代表）

小貫 大輔（東海大学国際学科教授）

【第3部】
奥地 圭子（多様な学び保障法を実現する会共同代表*）

矢吹 卓也（箕面こどもの森学園）

黒田 喜美（デモクラティックスクールまっくろくろすけ代表）

佐藤 信一（NPO法人東京シューレ）

永易 江麻（東京コミュニティスクール法人事務局、東京都フリースクール等ネットワーク事務局）

西村 早栄子（特定非営利活動法人智頭の森こそだち舎理事長）

熊谷 亜希子（共育ステーション地球の家代表）

中川 綾（日本イエナプラン教育協会理事、学校法人茂来学園大日向小学校・中等部）

今井 睦子（NPO法人東京シューレ、世田谷区ほっとスクール「希望丘」施設長）

*2021年7月26日、多様な学び保障法を実現する会運営会議にて、共同代表を辞退する申し出を受けました。9月4日総会で承認される見込みです。

【第4部】
加瀬 進（東京学芸大学こどもの学び困難支援センター長、東京学芸大学特別支援科学講座教授）

佐藤 雅史（日本シュタイナー学校協会事務局）

前北 海（千葉県フリースクール等ネットワーク代表、フリースクール ネモ代表）

中野 謙作（一般社団法人栃木県若年者支援機構代表理事）

江川 和弥（フリースクール全国ネットワーク代表理事、寺子屋方丈舎理事長）

金谷 直子（公益社団法人セーブ・ザ・チルドレン・ジャパン 子どものセーフガーディング担当）

【第5部】
小池 みはる（NPO法人子どもサポートチームすわ理事長）

鈴木 七海（静岡文化芸術大学大学院修了）

加藤 敦也（武蔵大学社会学部兼任講師）

**多様な学び保障法を実現する会
フリースクール全国ネットワーク　編**

連絡先……………多様な学び保障法を実現する会
office@aejapan.org
URL aejapan.org

フリースクール全国ネットワーク
info@freeschoolnetwork.jp
URL freeschoolnetwork.jp

多様な学びを創る
不登校支援から多様な学び支援へ

発行日………………2021年9月5日 初版発行
編　者………………多様な学び保障法を実現する会
フリースクール全国ネットワーク
発行者………………小野利和
発行所………………東京シューレ出版
〒136-0072 東京都江東区大島7-12-22-713
TEL/FAX 03-5875-4465
E-mail info@mediashure.com
URL http://mediashure.com
装丁・DTP…………水青舎デザイン室
印刷・製本…………モリモト印刷株式会社

定価はカバーに印刷してあります。
ISBN ISBN978-4-903192-39-0 C0036
Printed in Japan